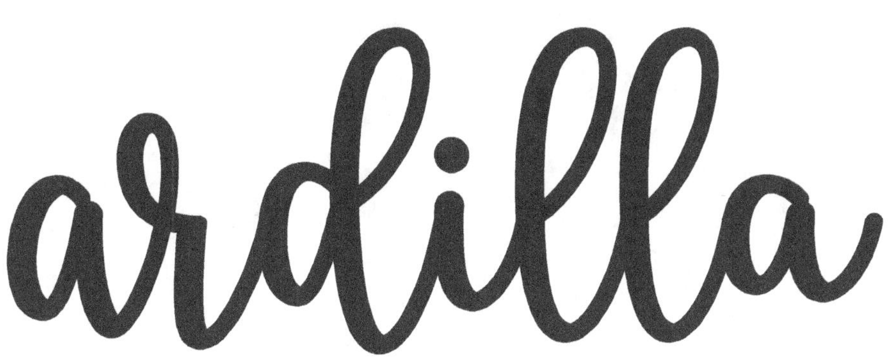

Libro de Colorear

Este libro pertenece a:

____

____

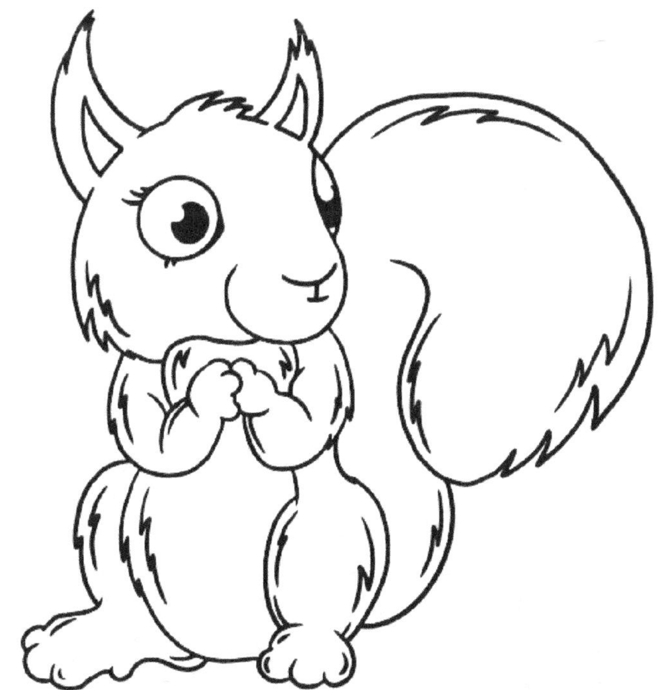

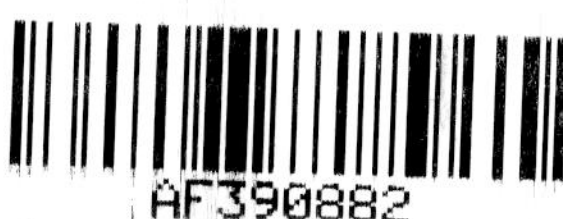
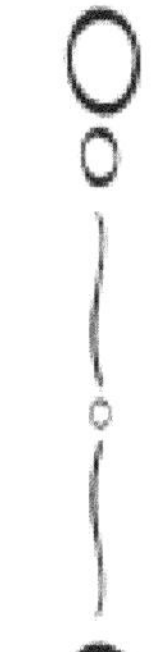
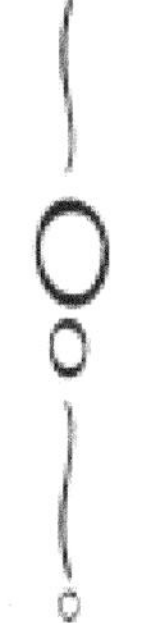

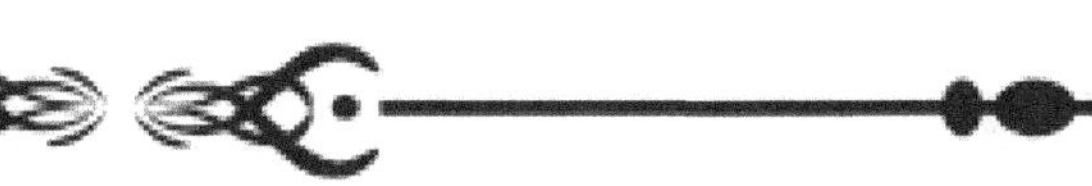

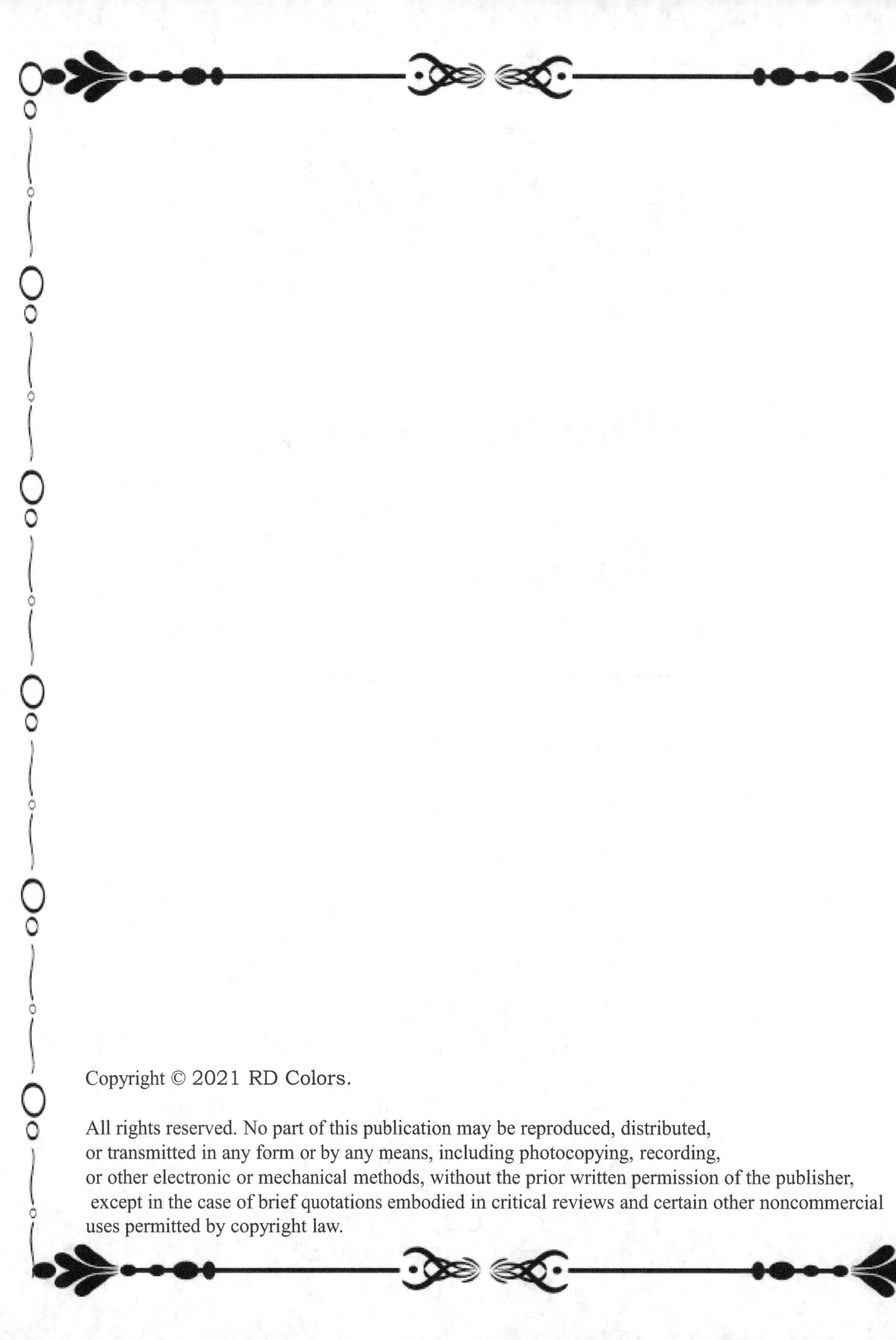

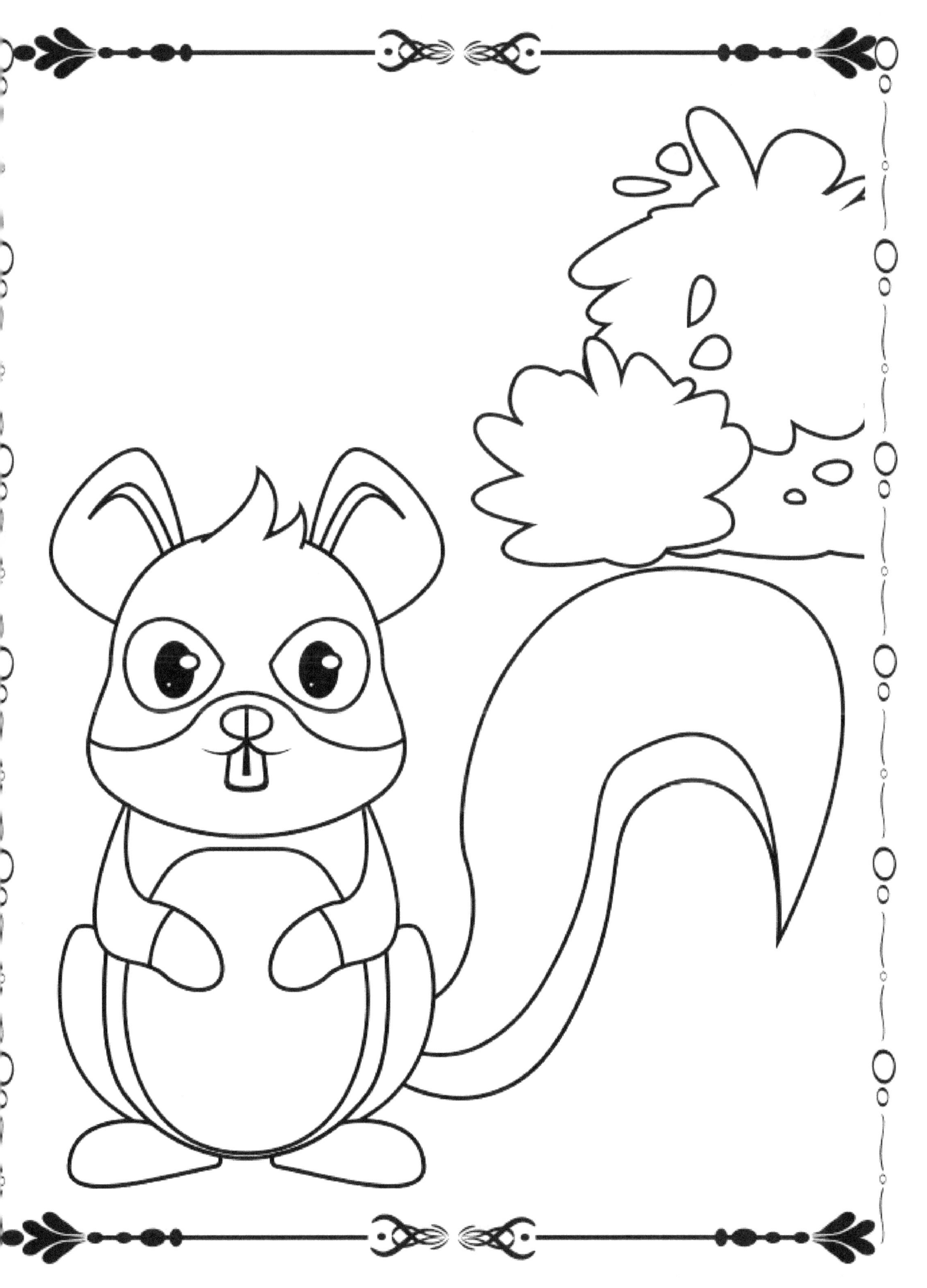

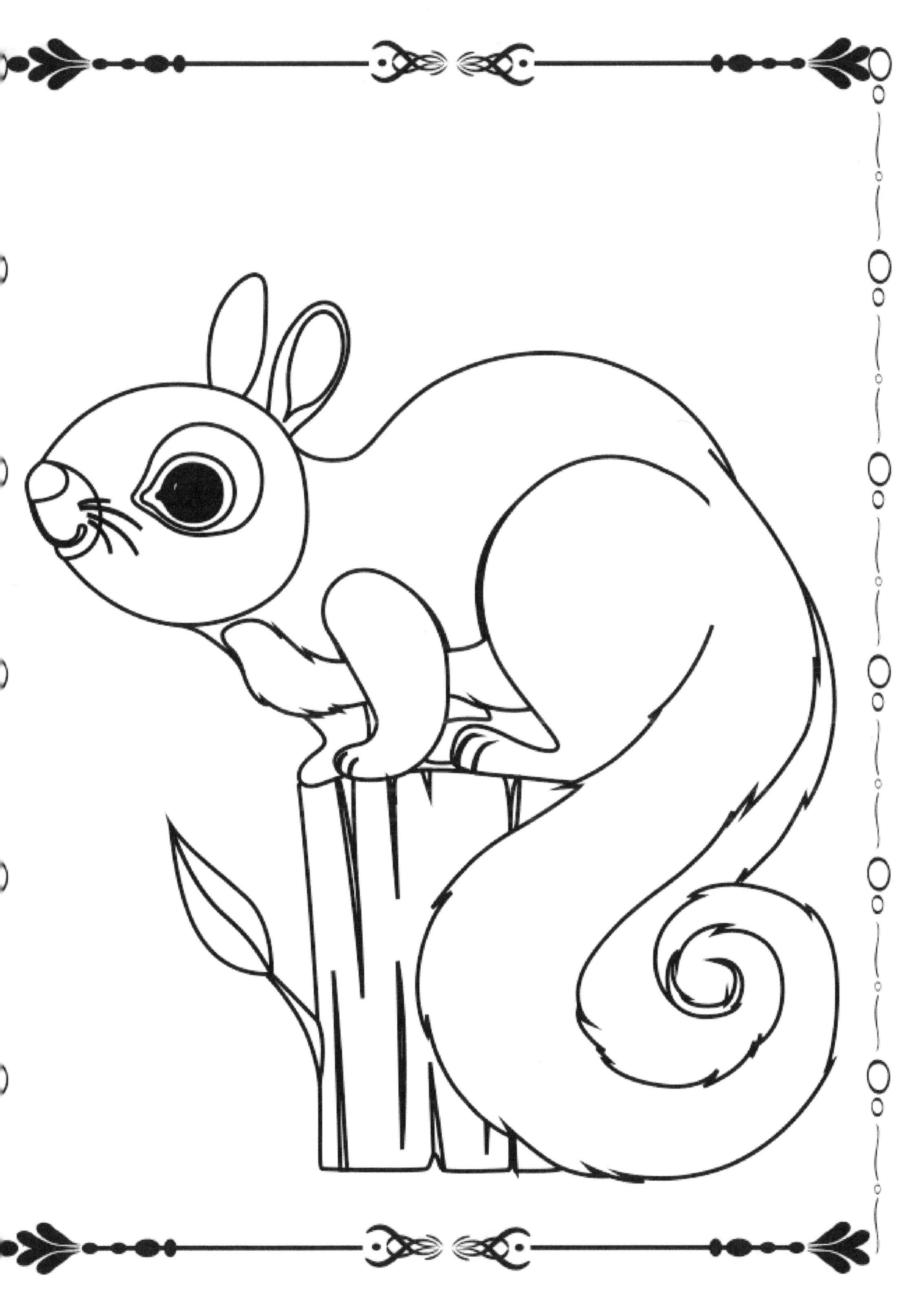

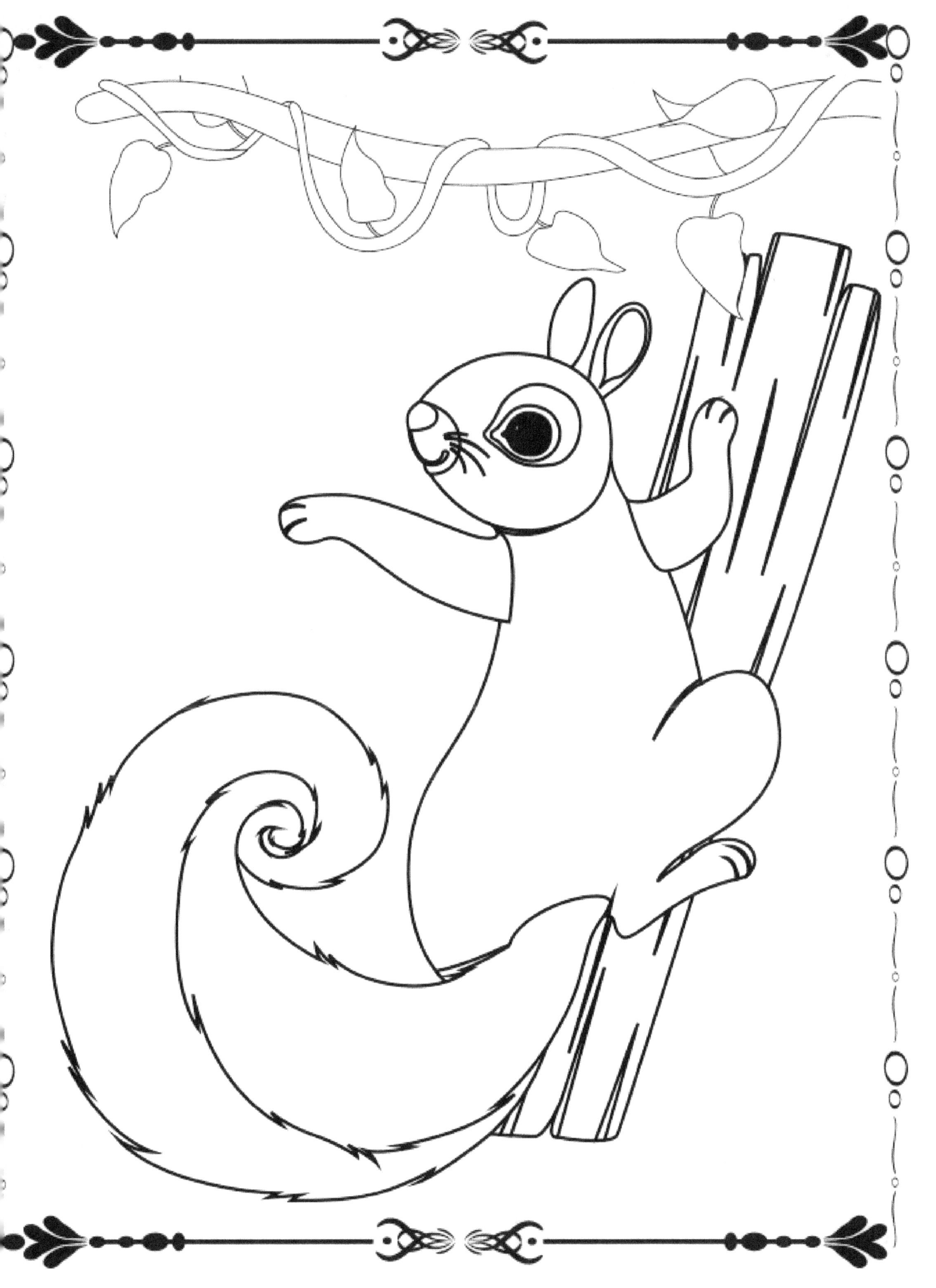

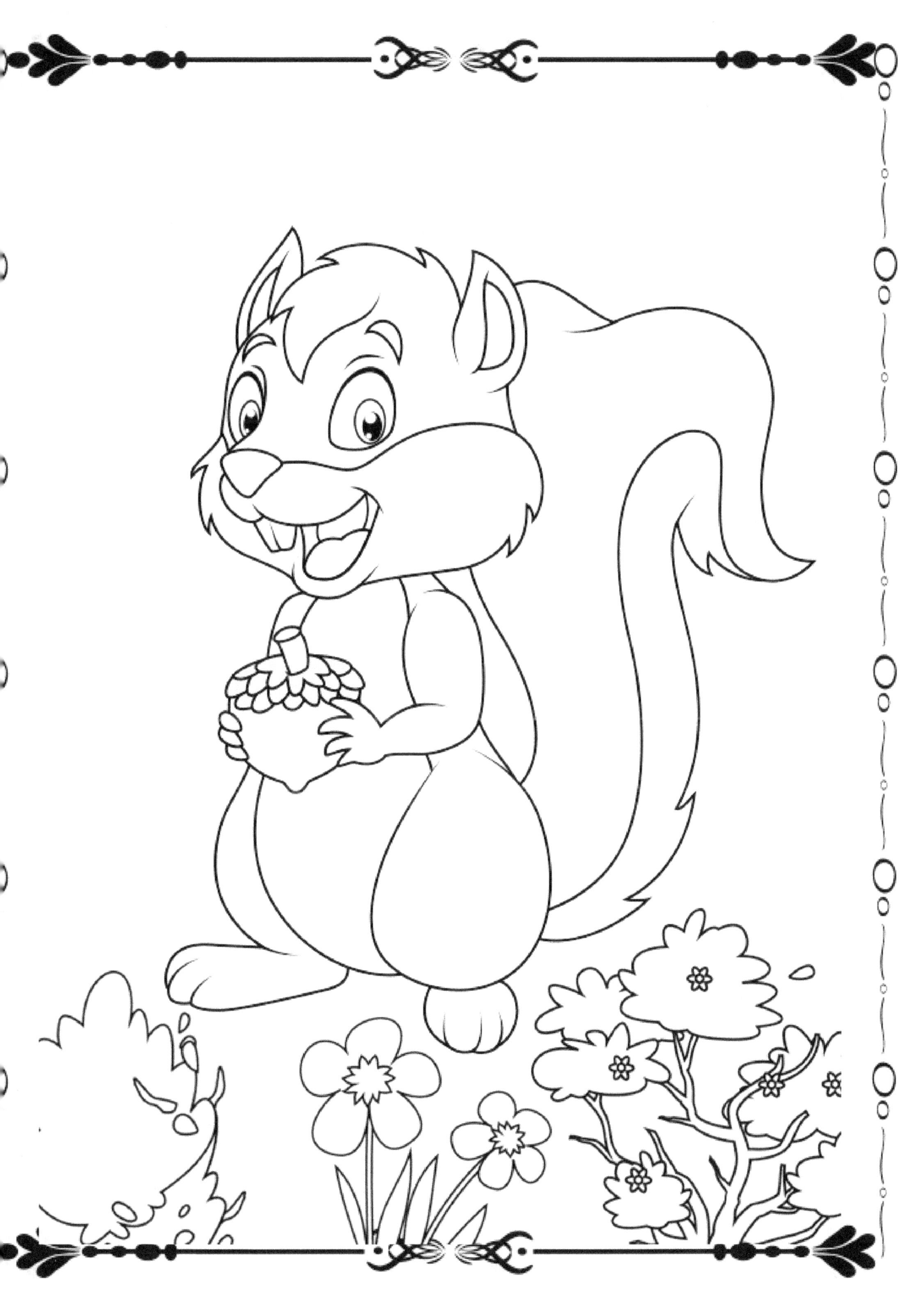

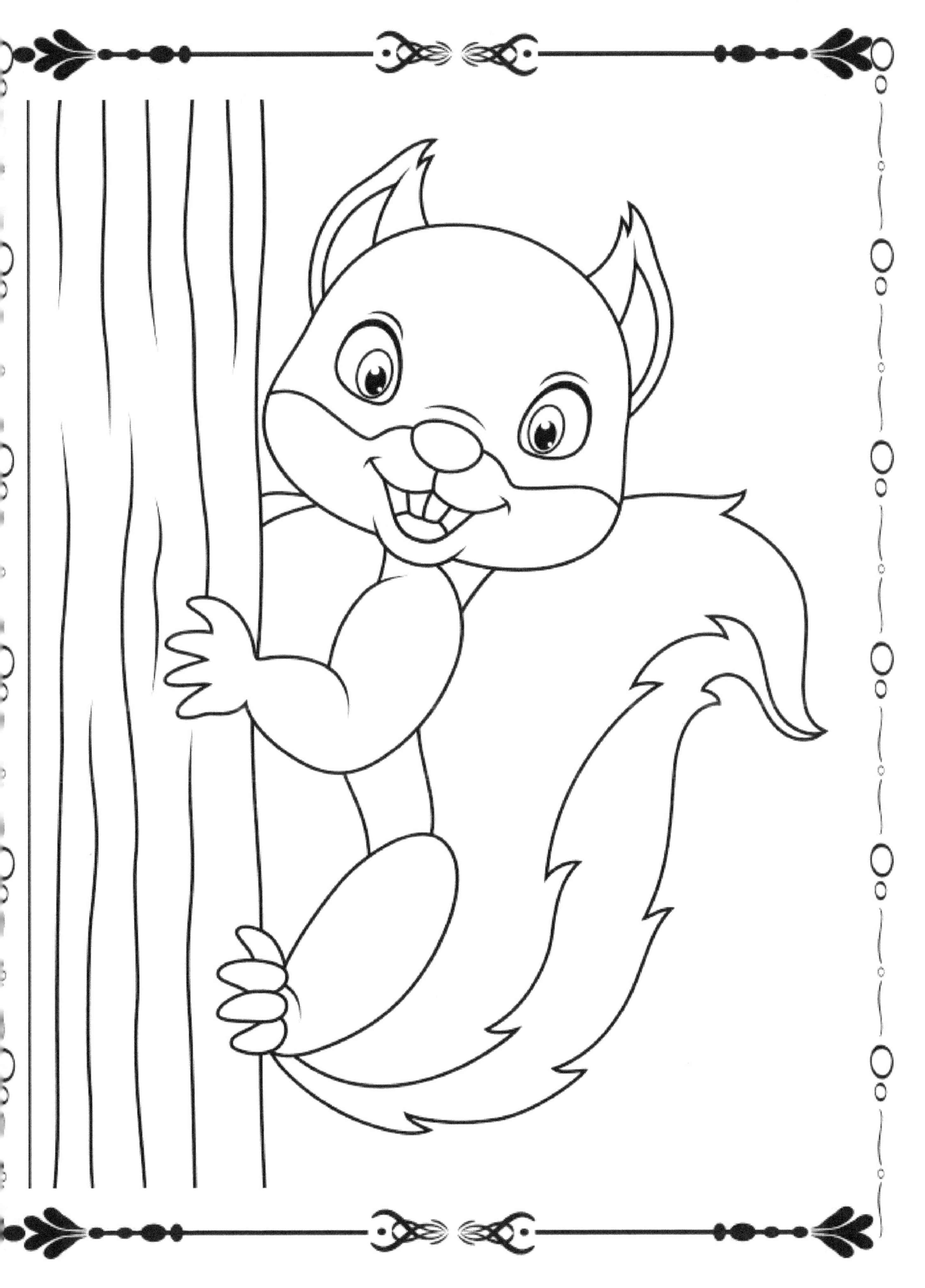

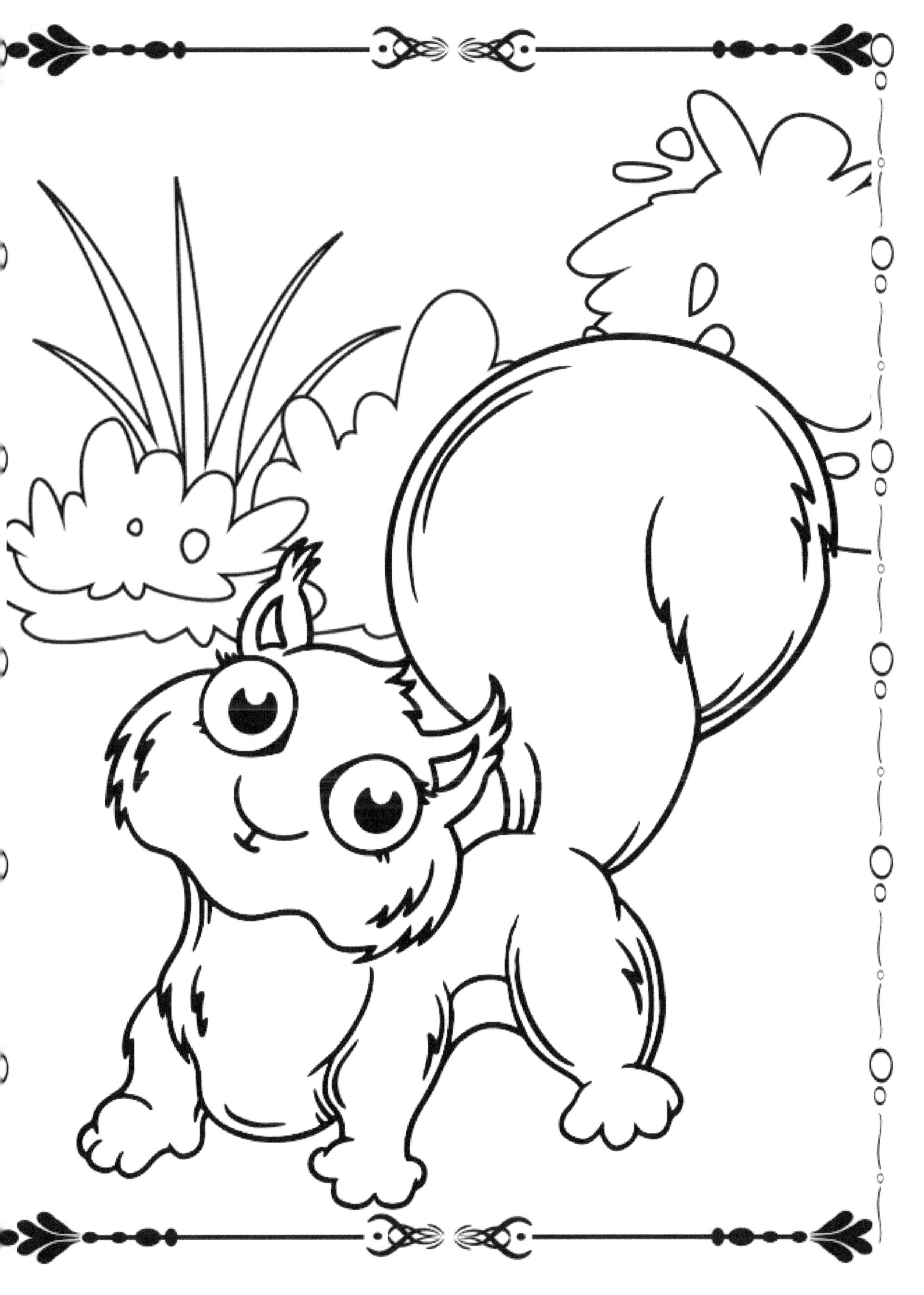

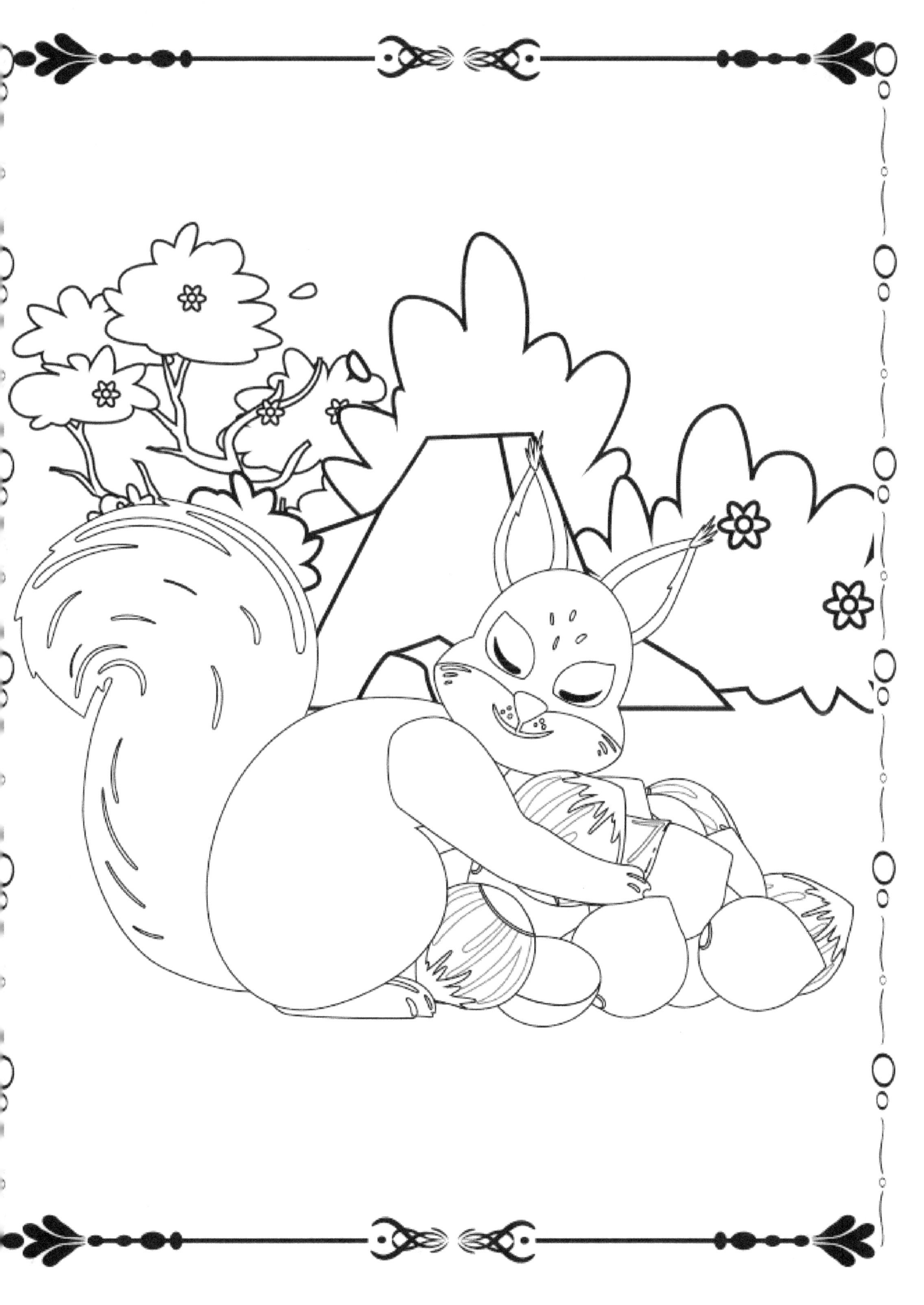

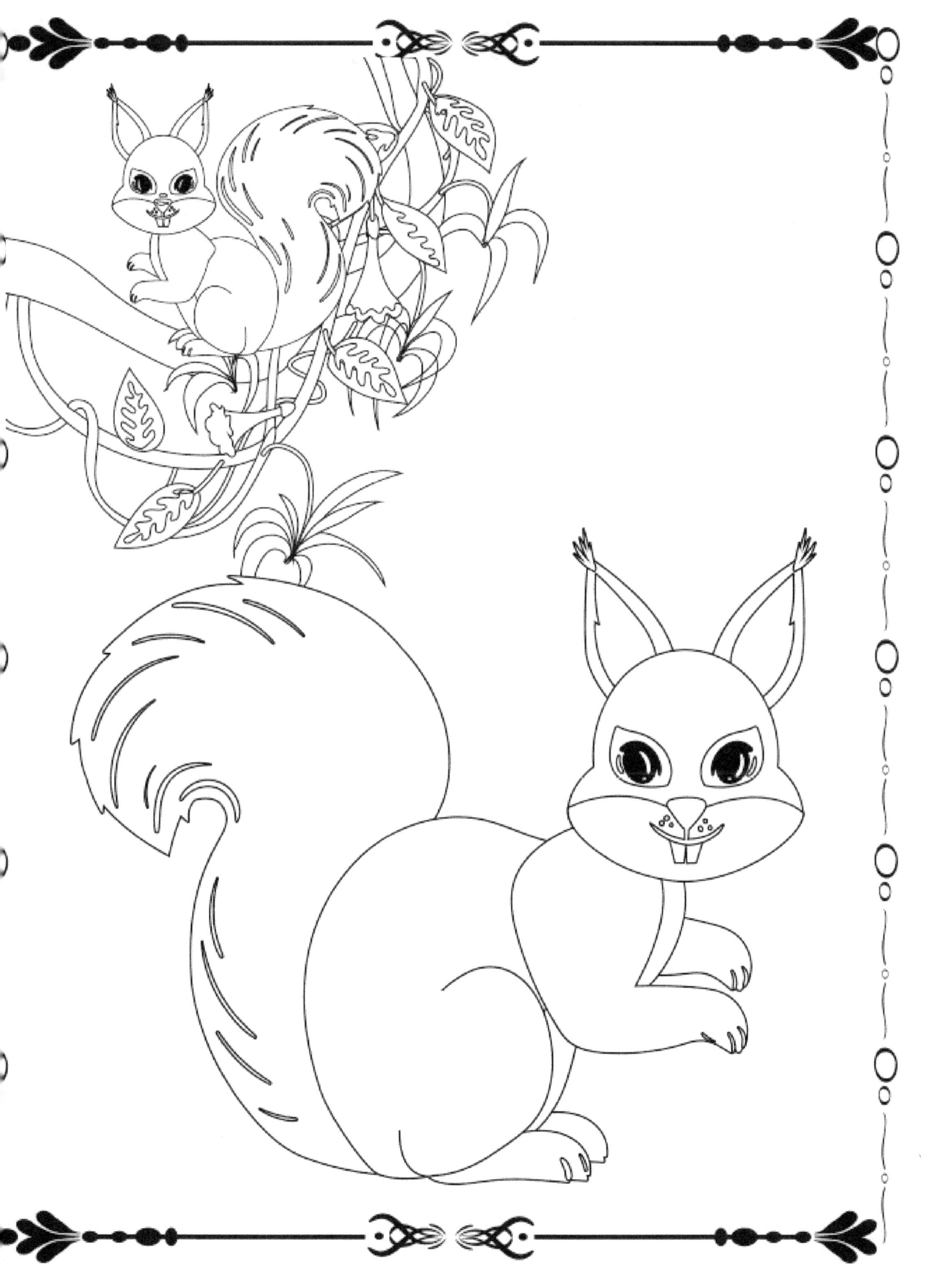

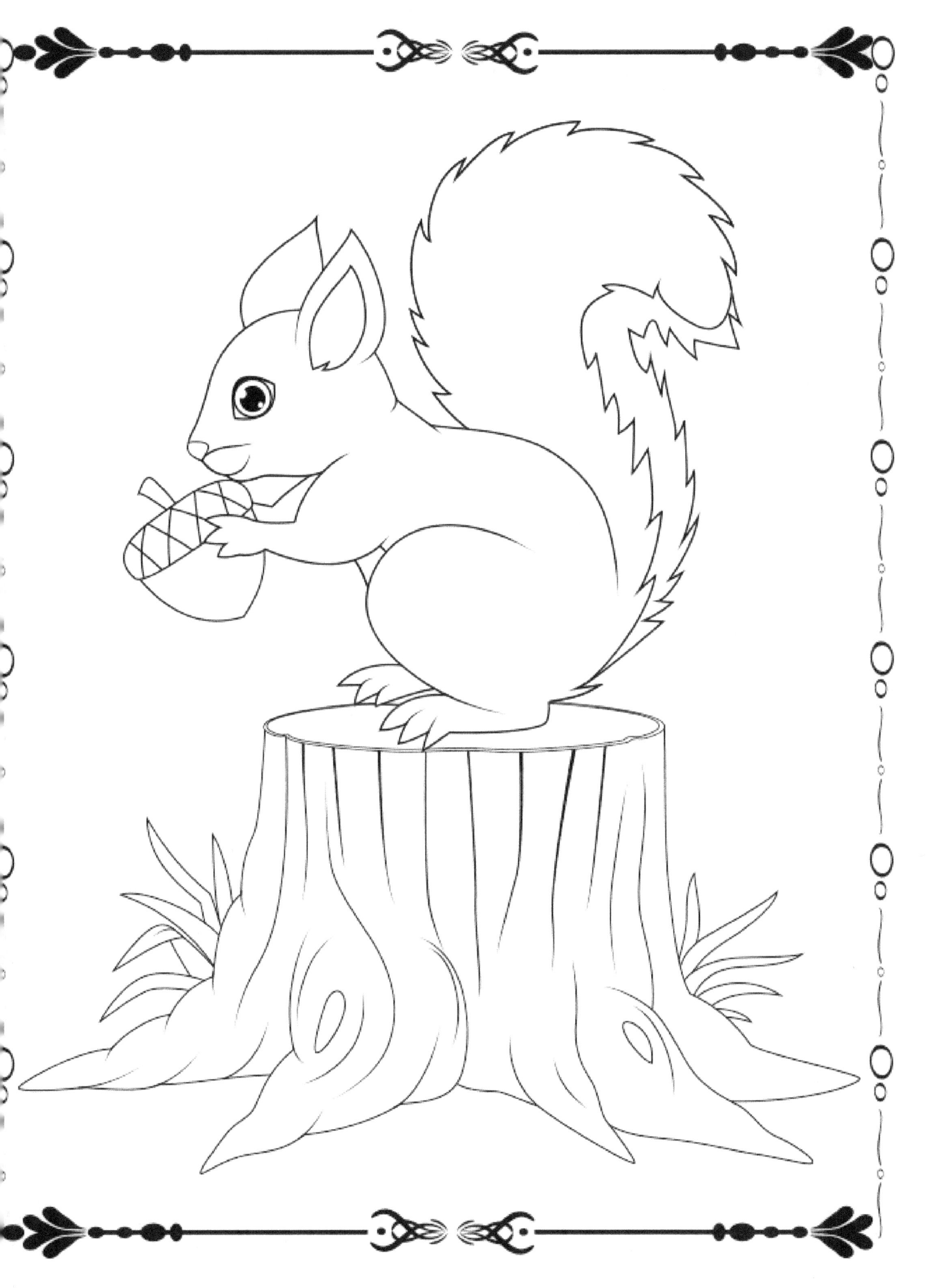

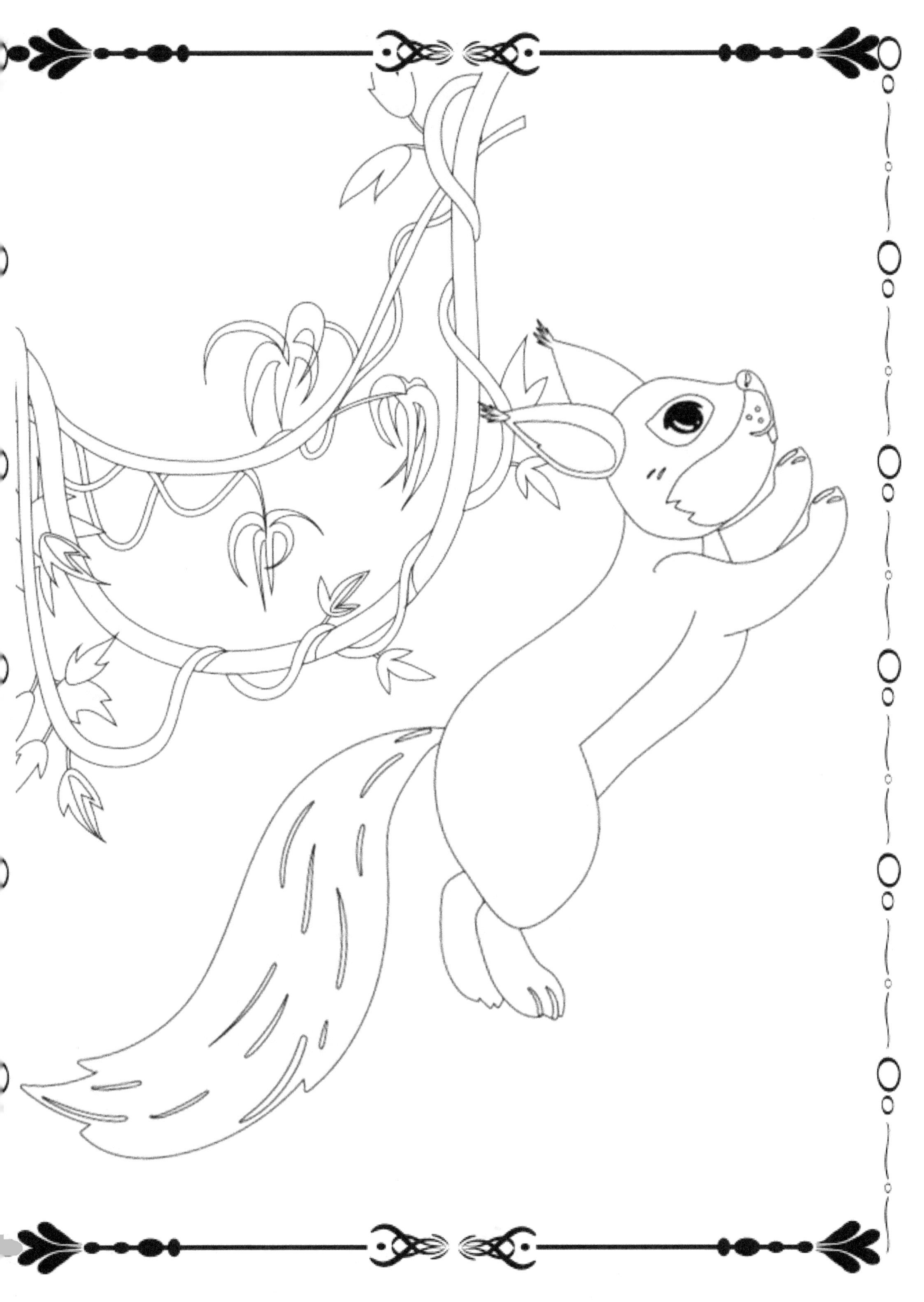

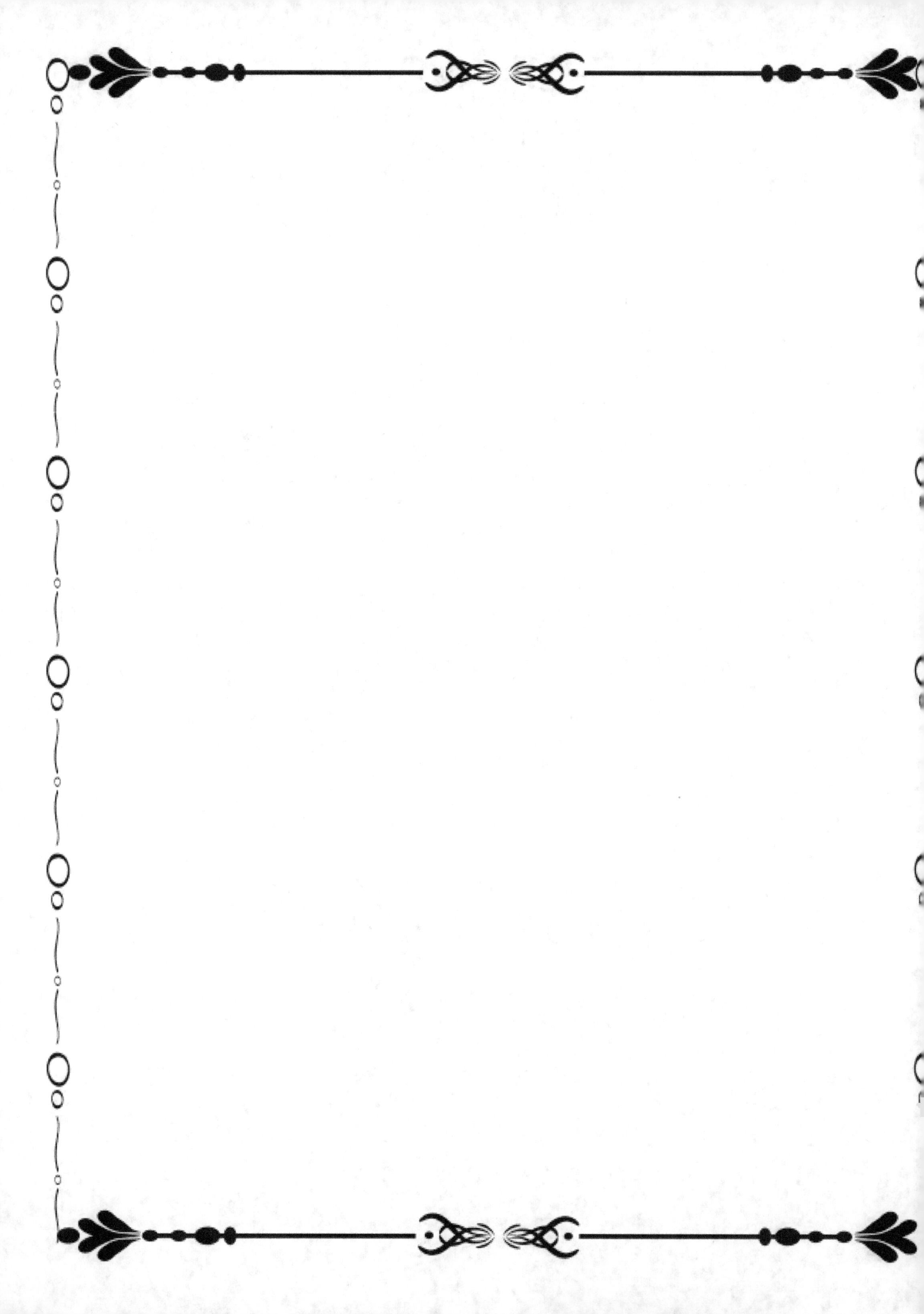

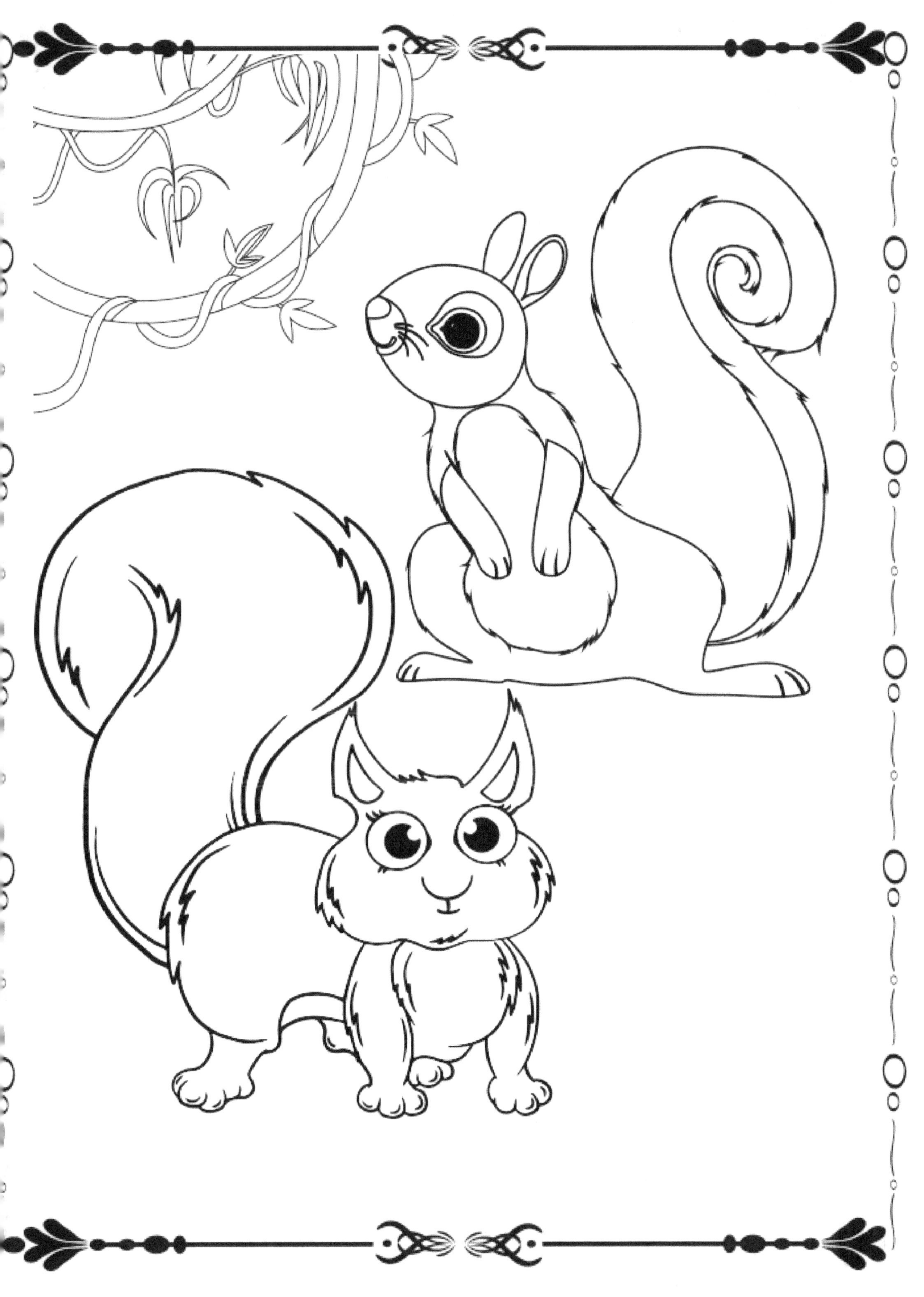

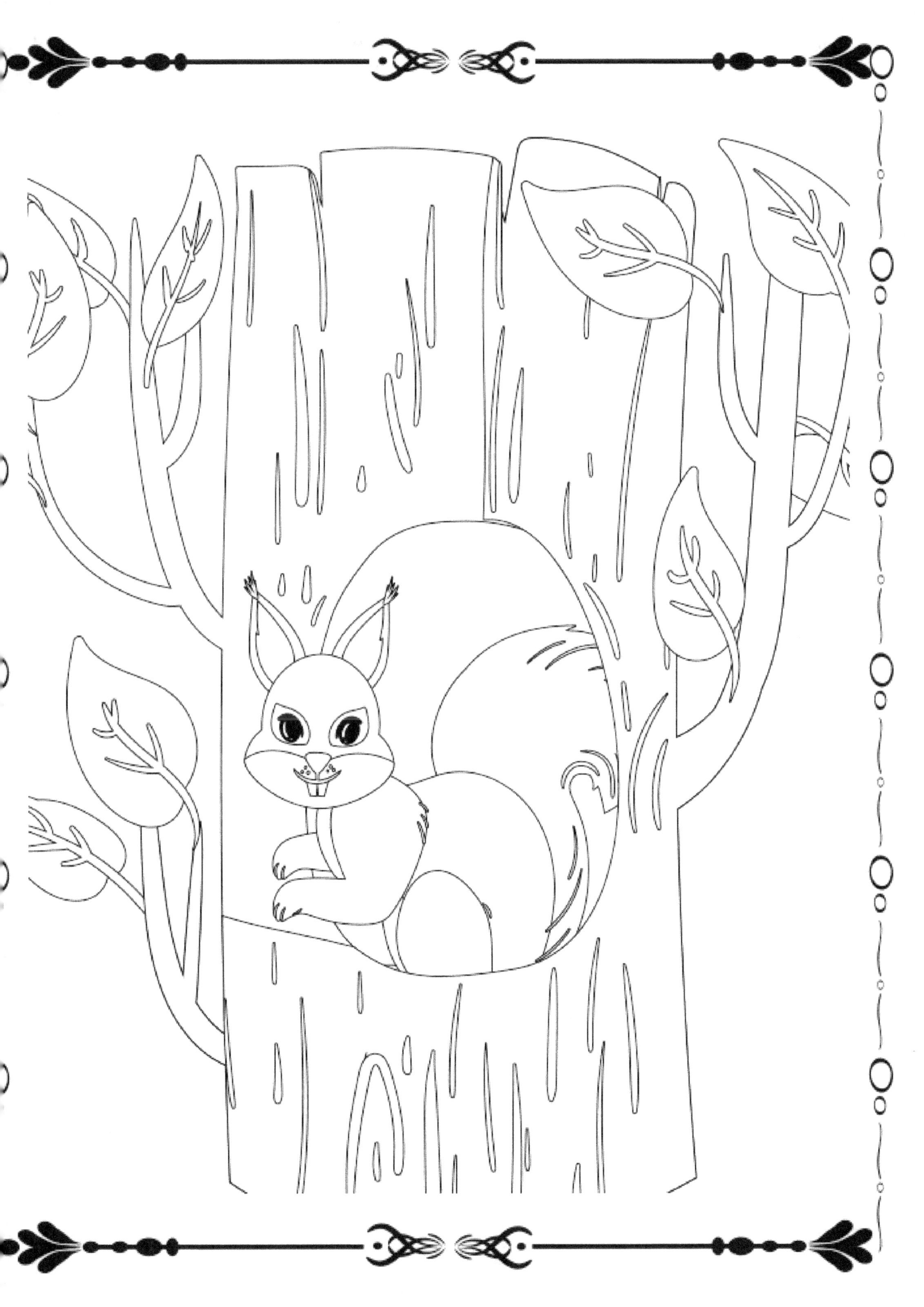

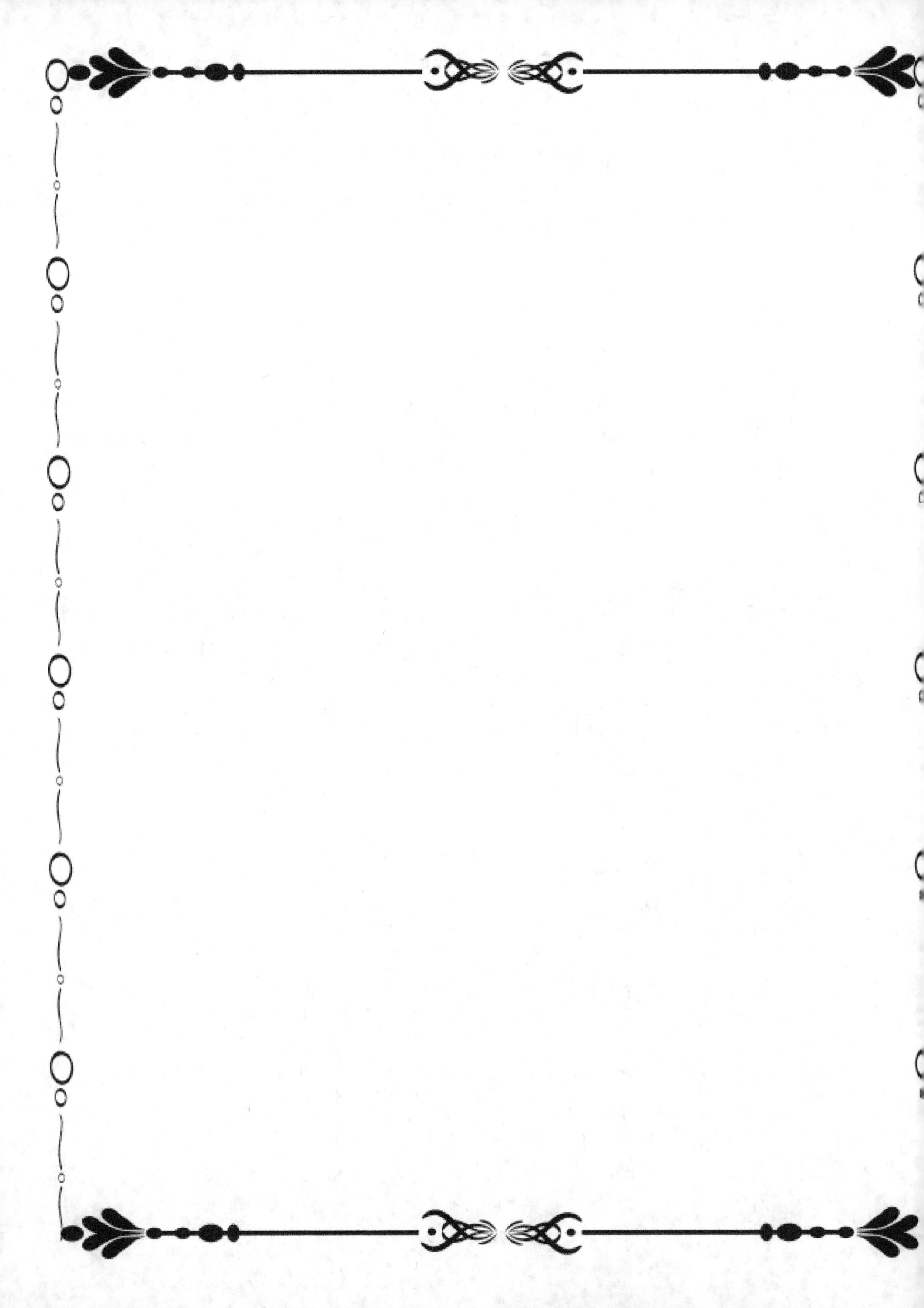

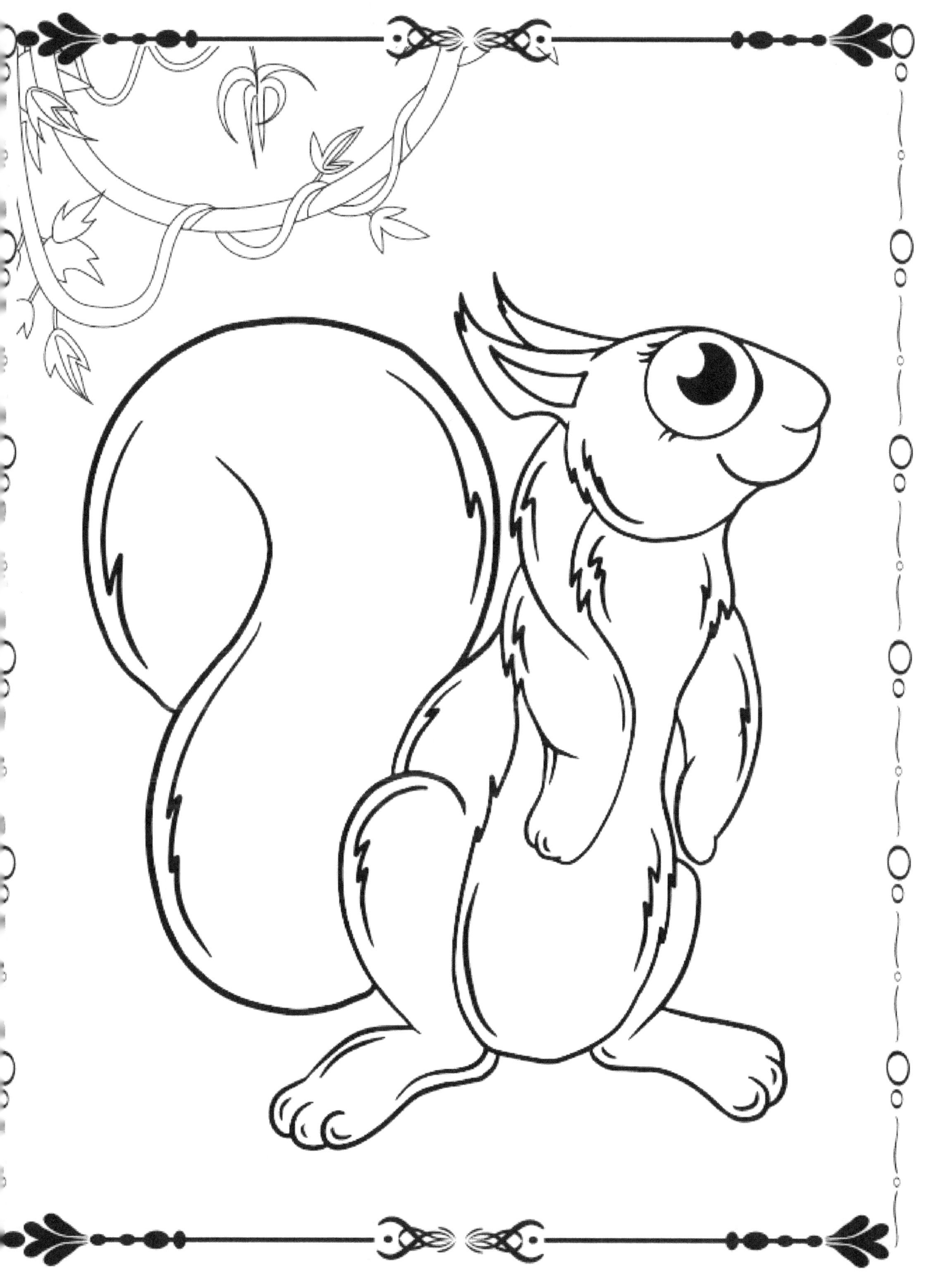

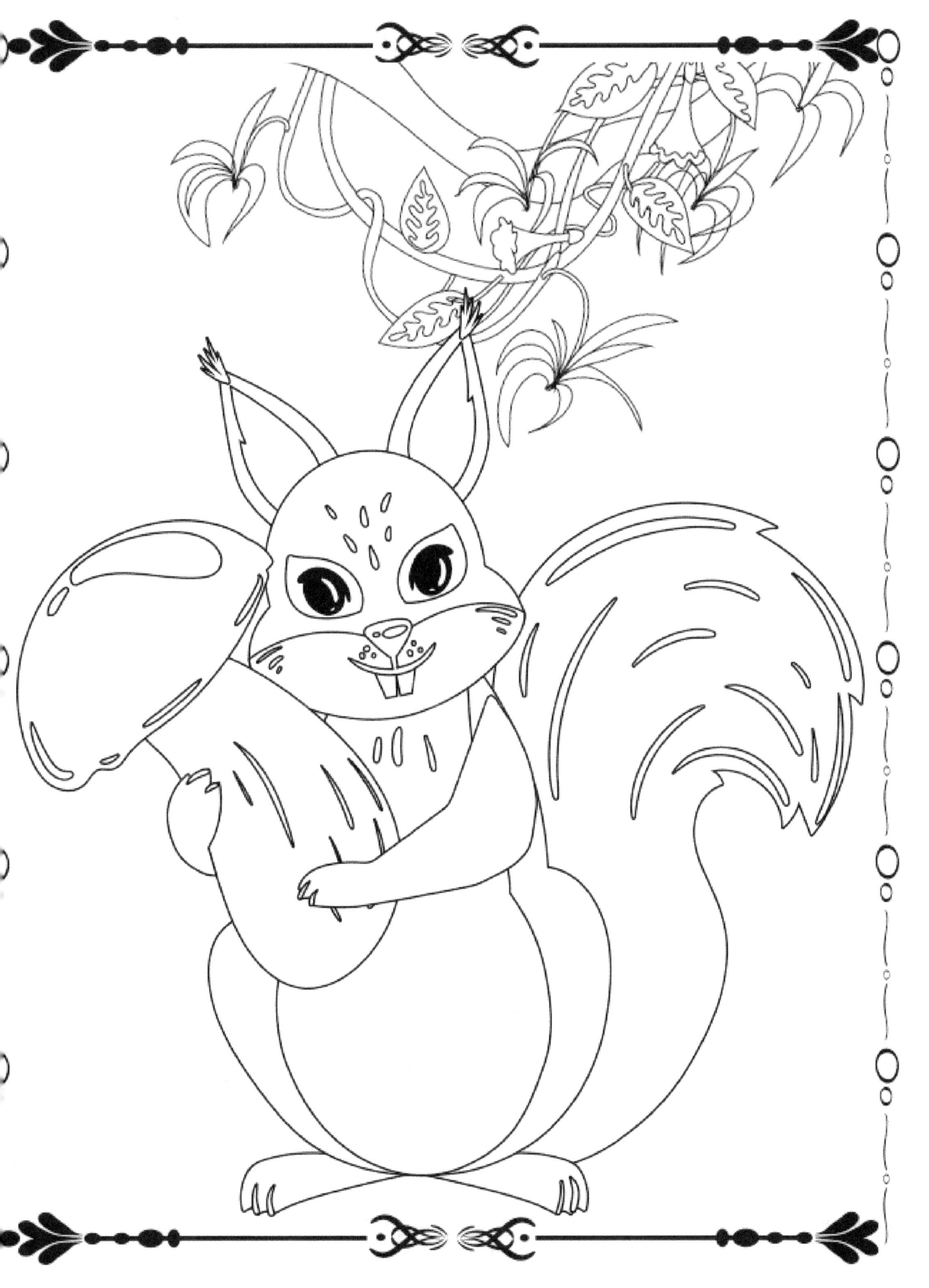

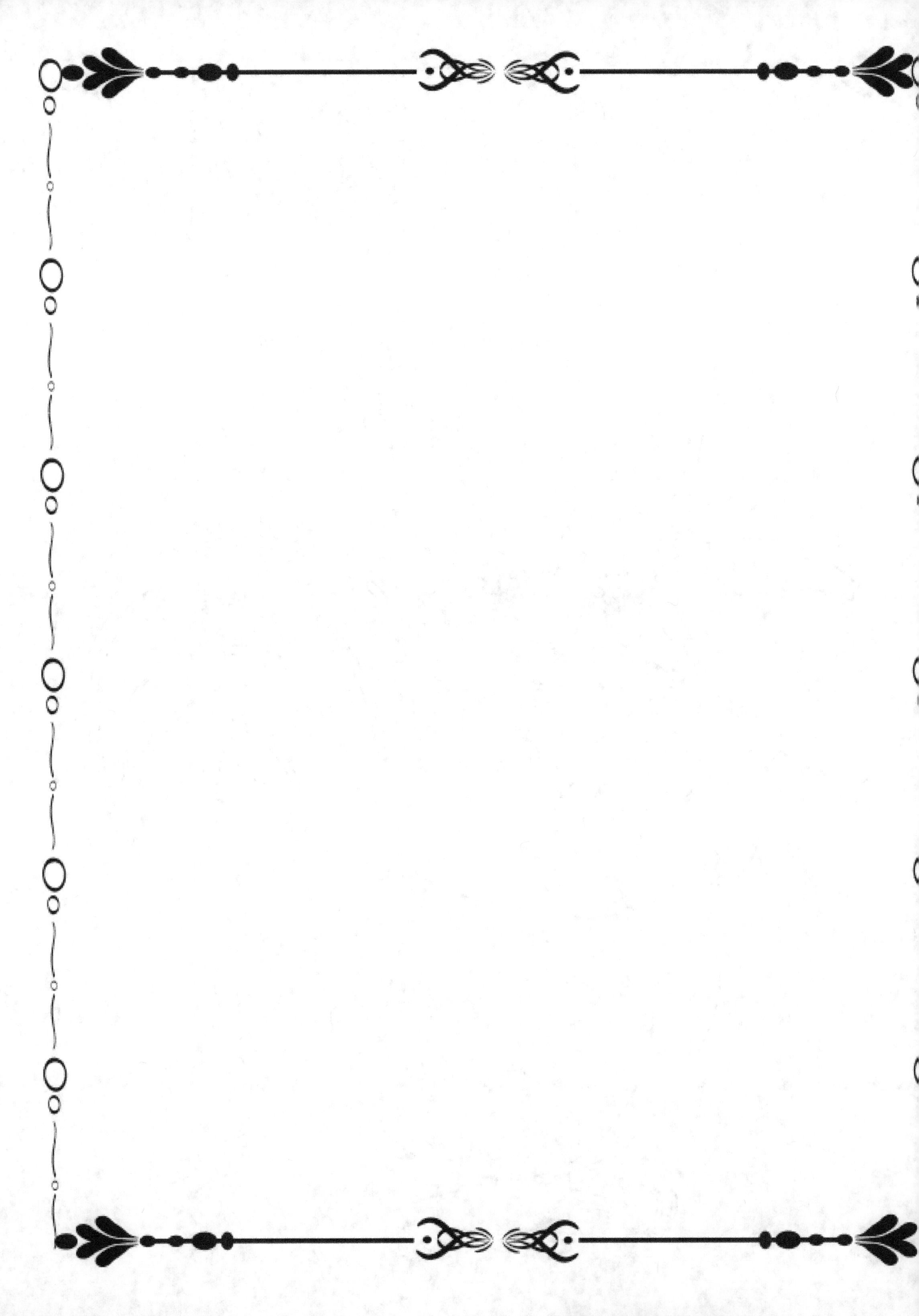

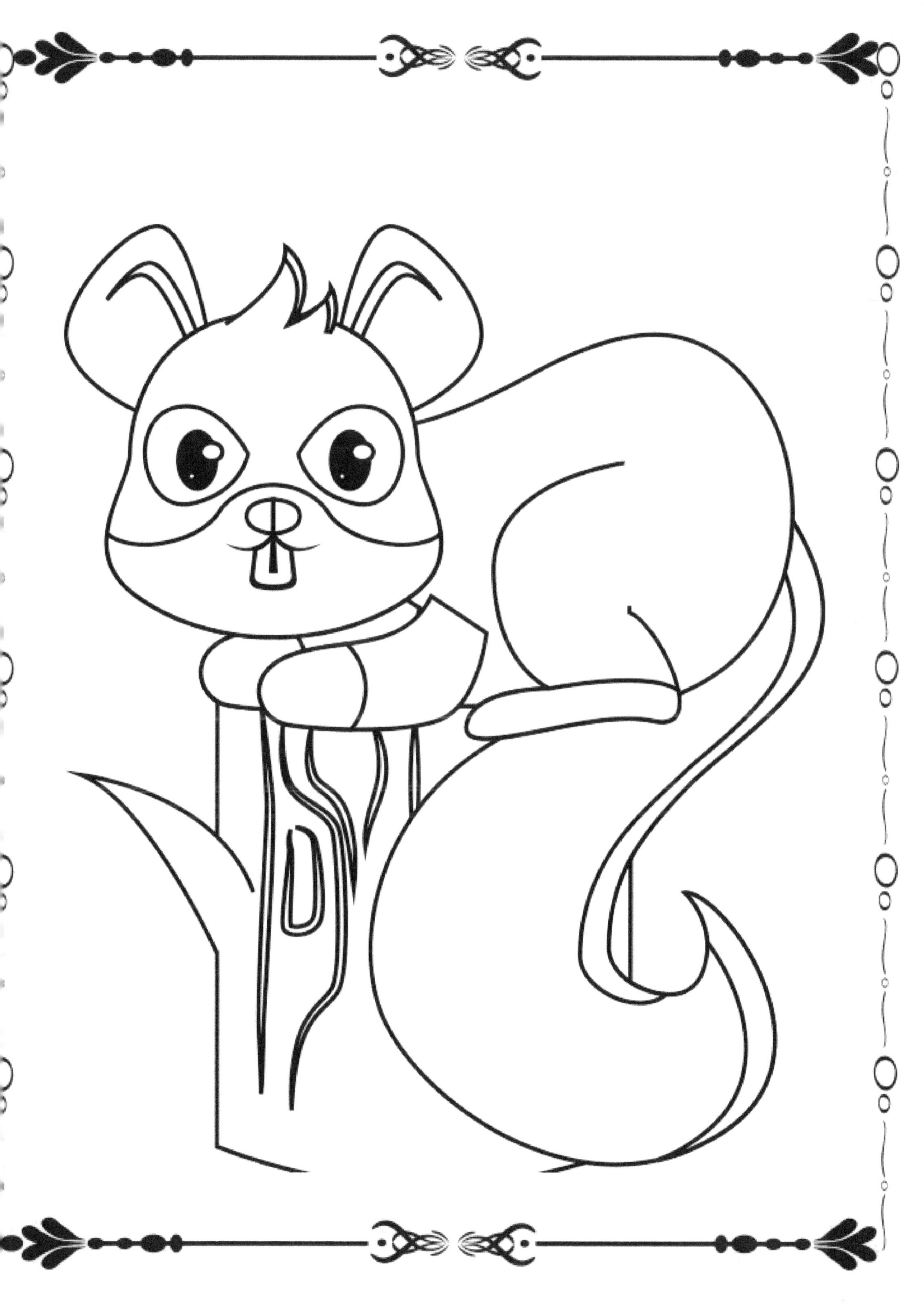

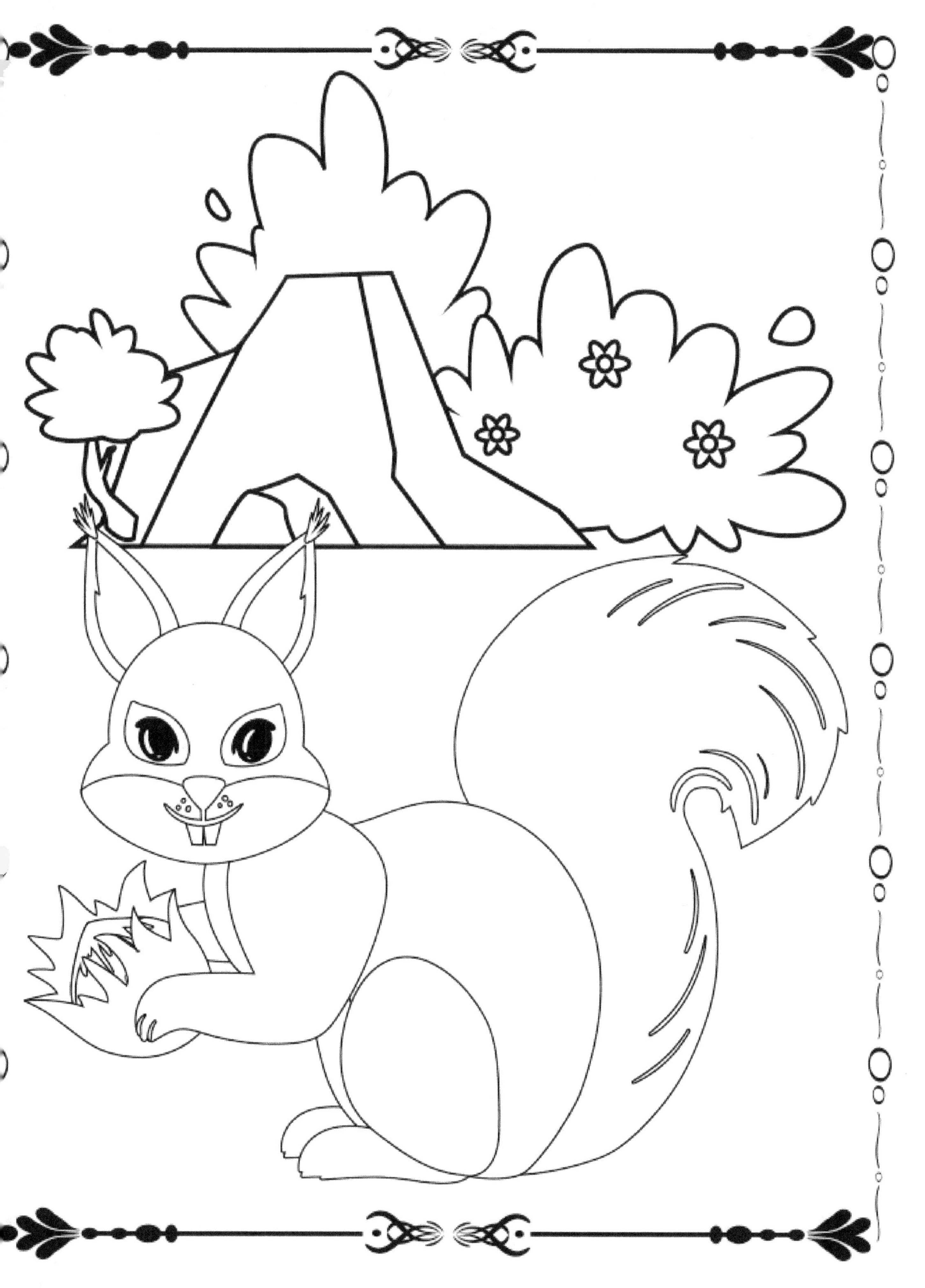

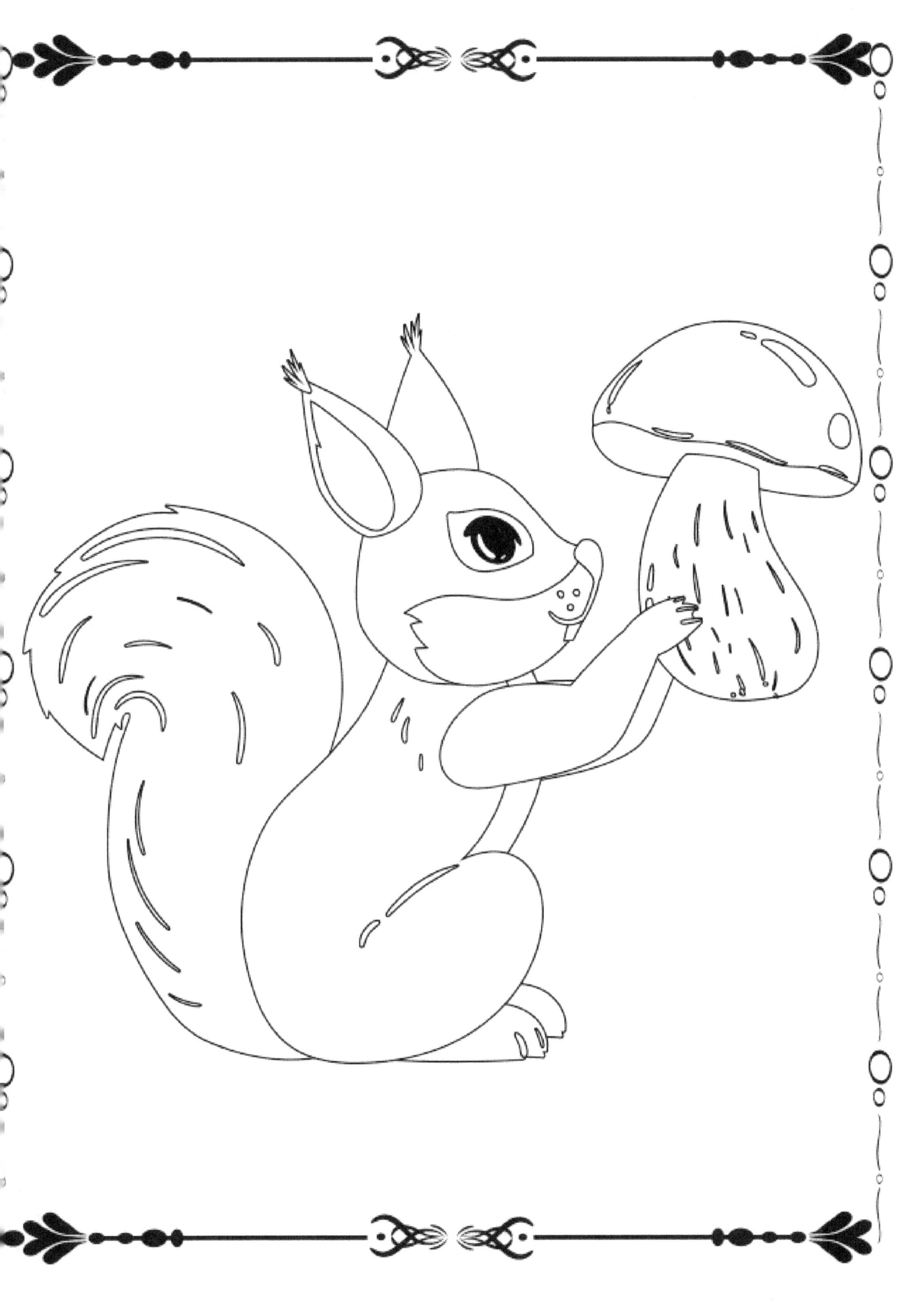

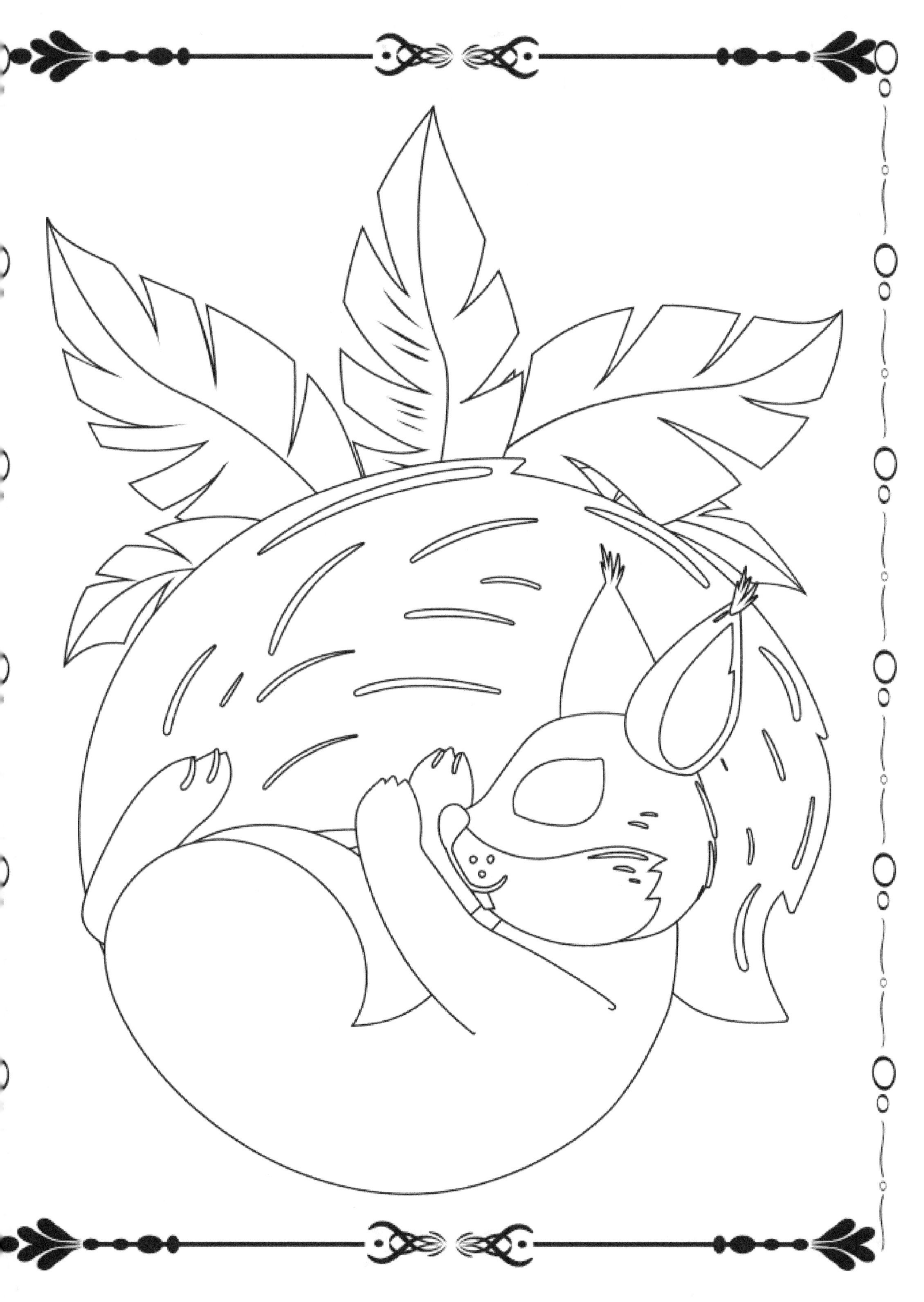

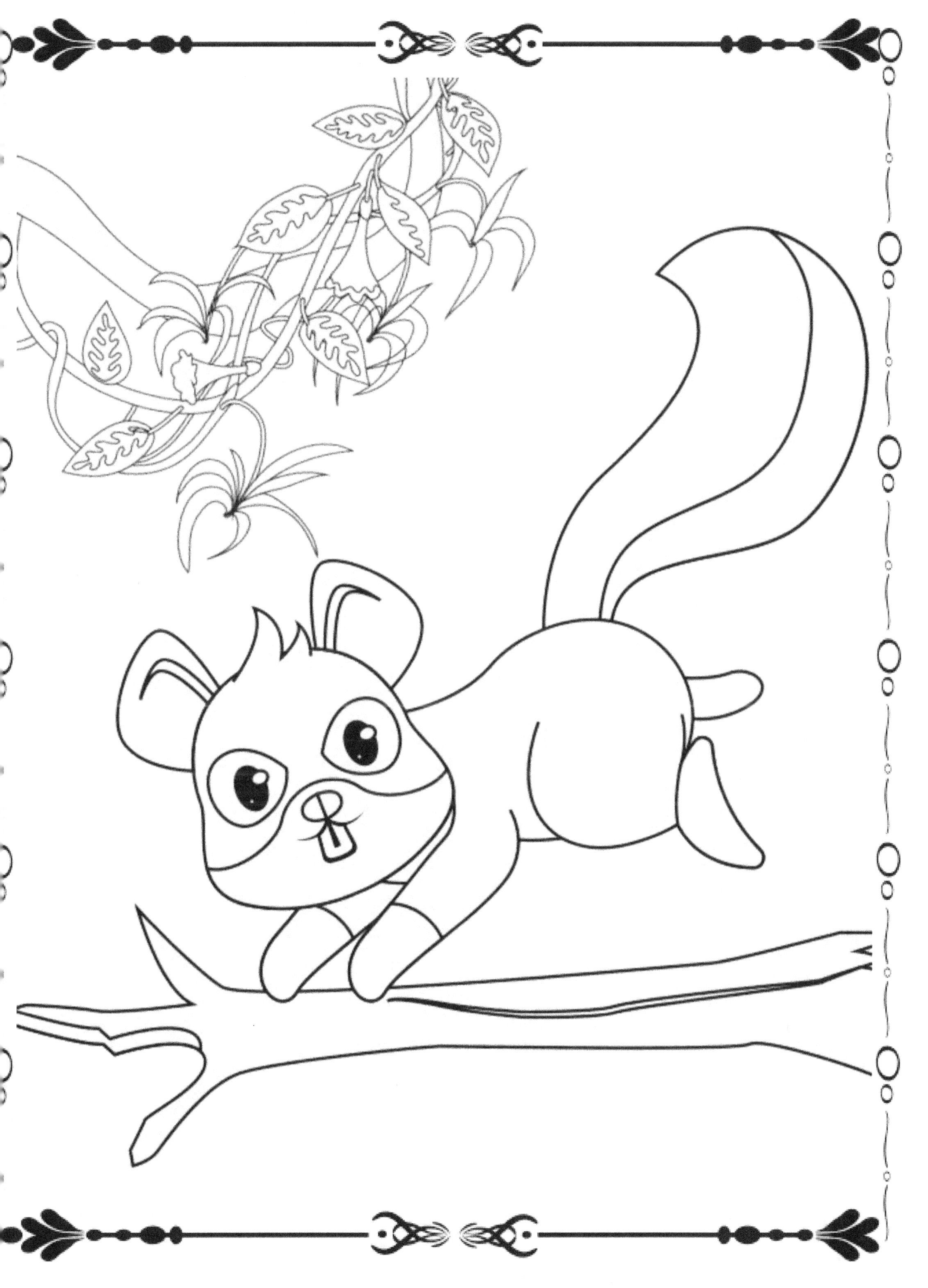

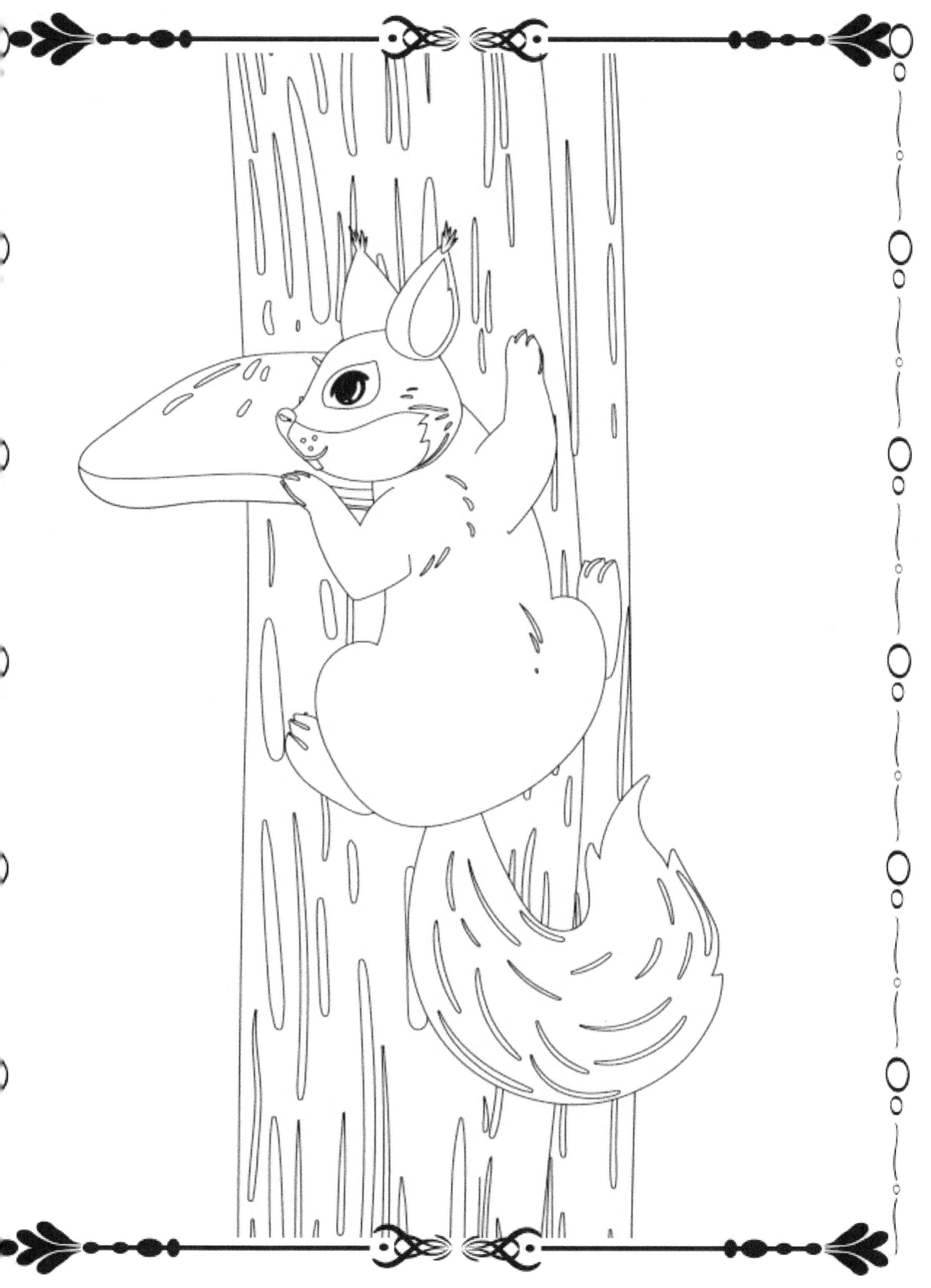

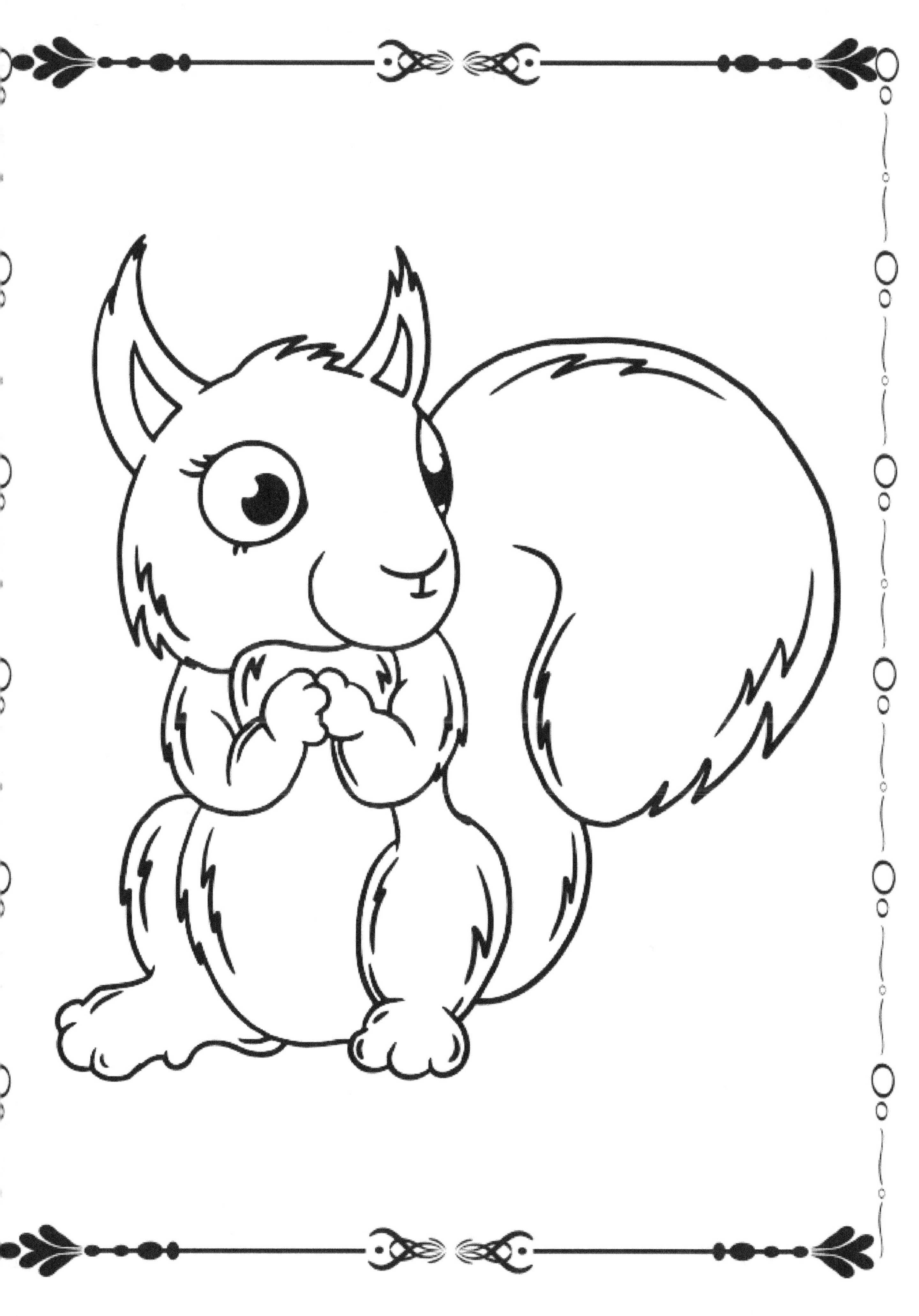

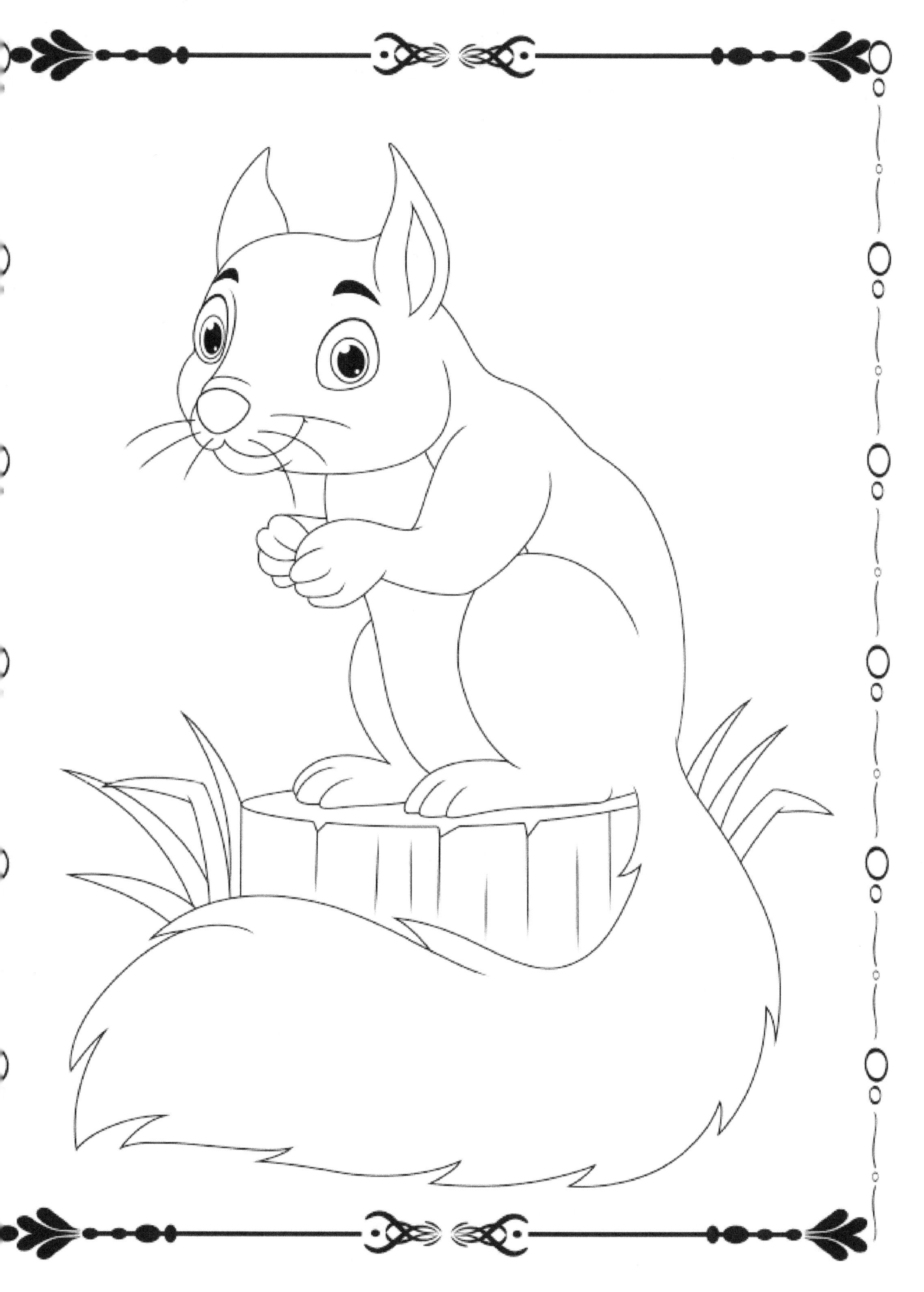

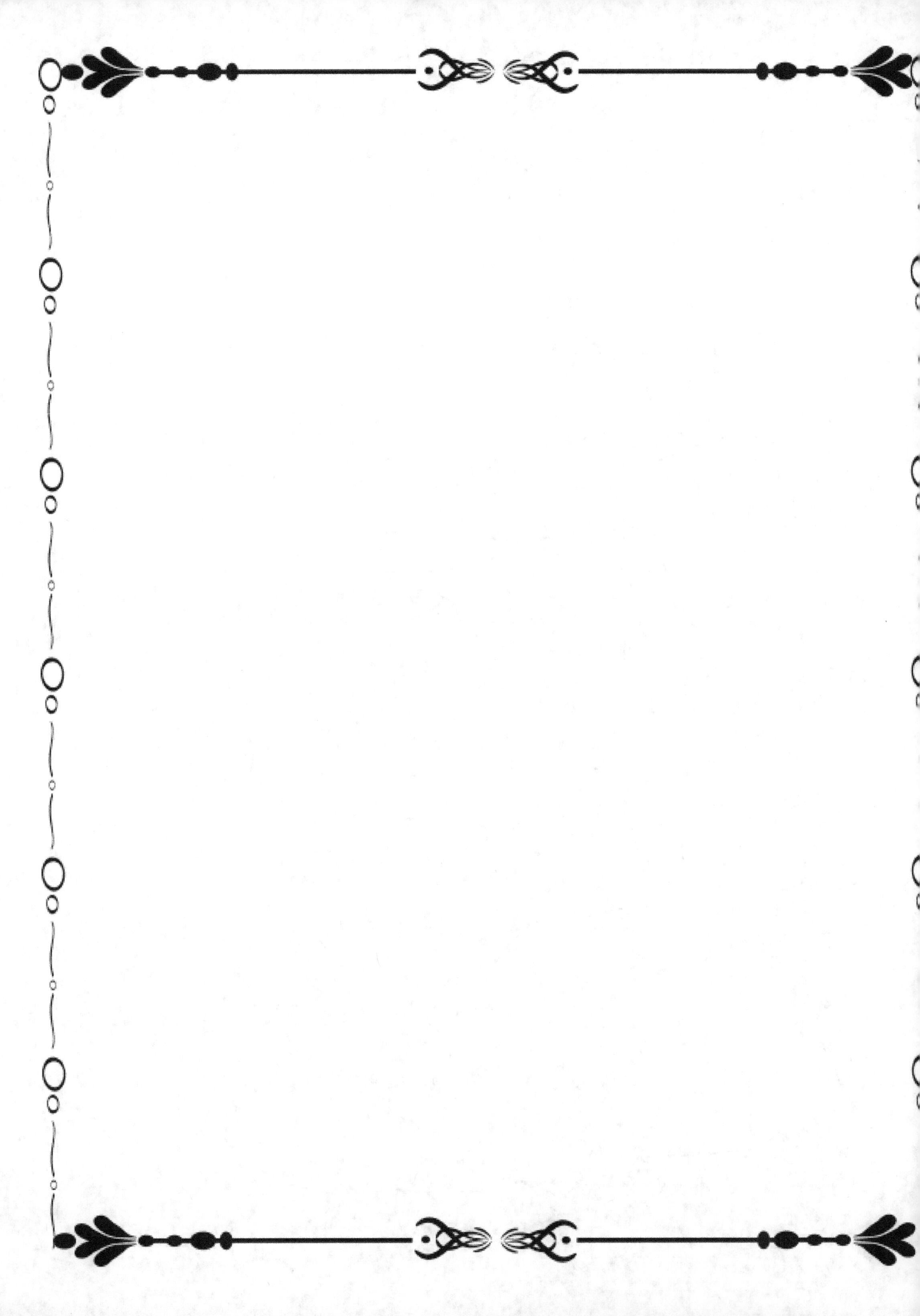

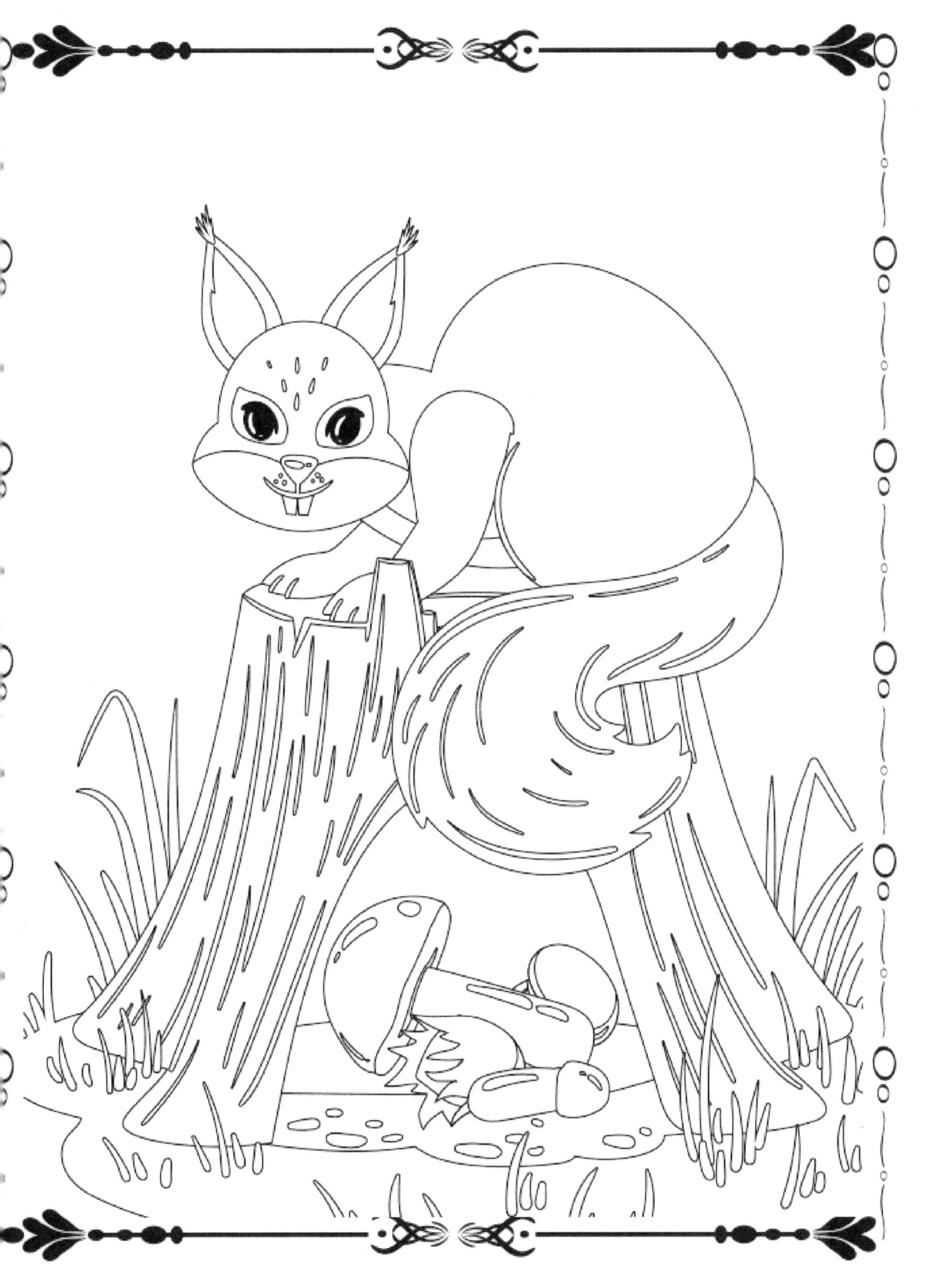

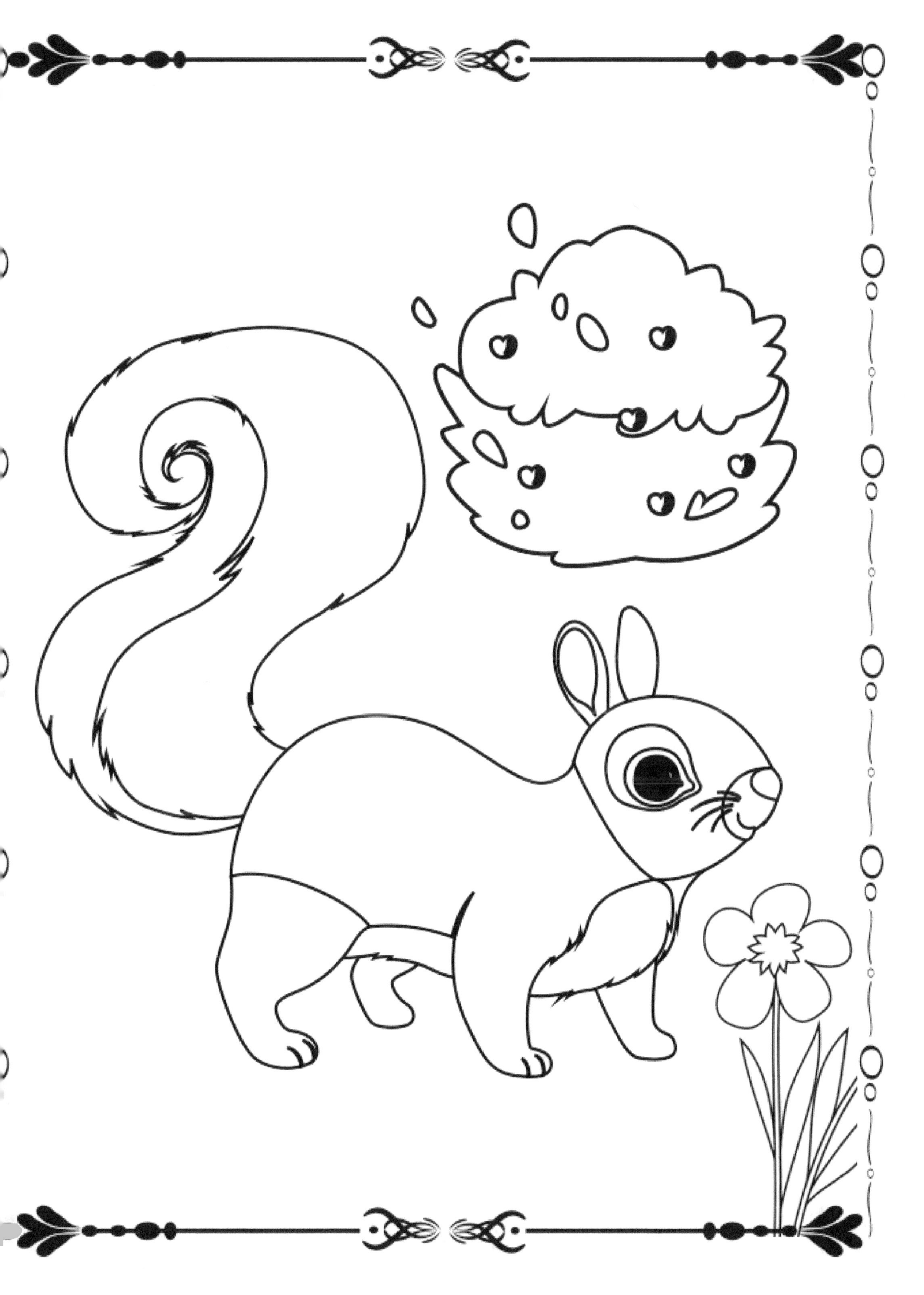

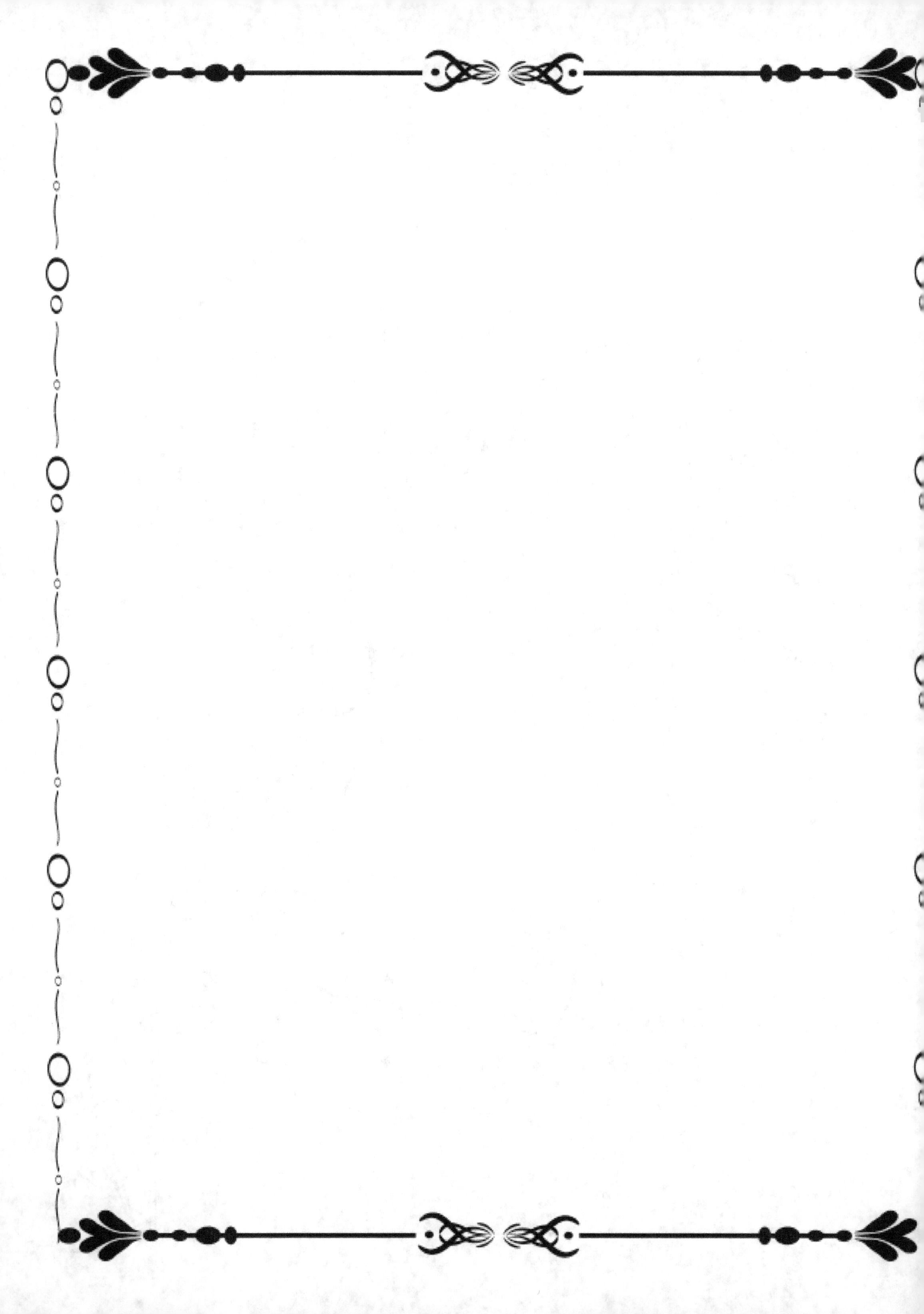

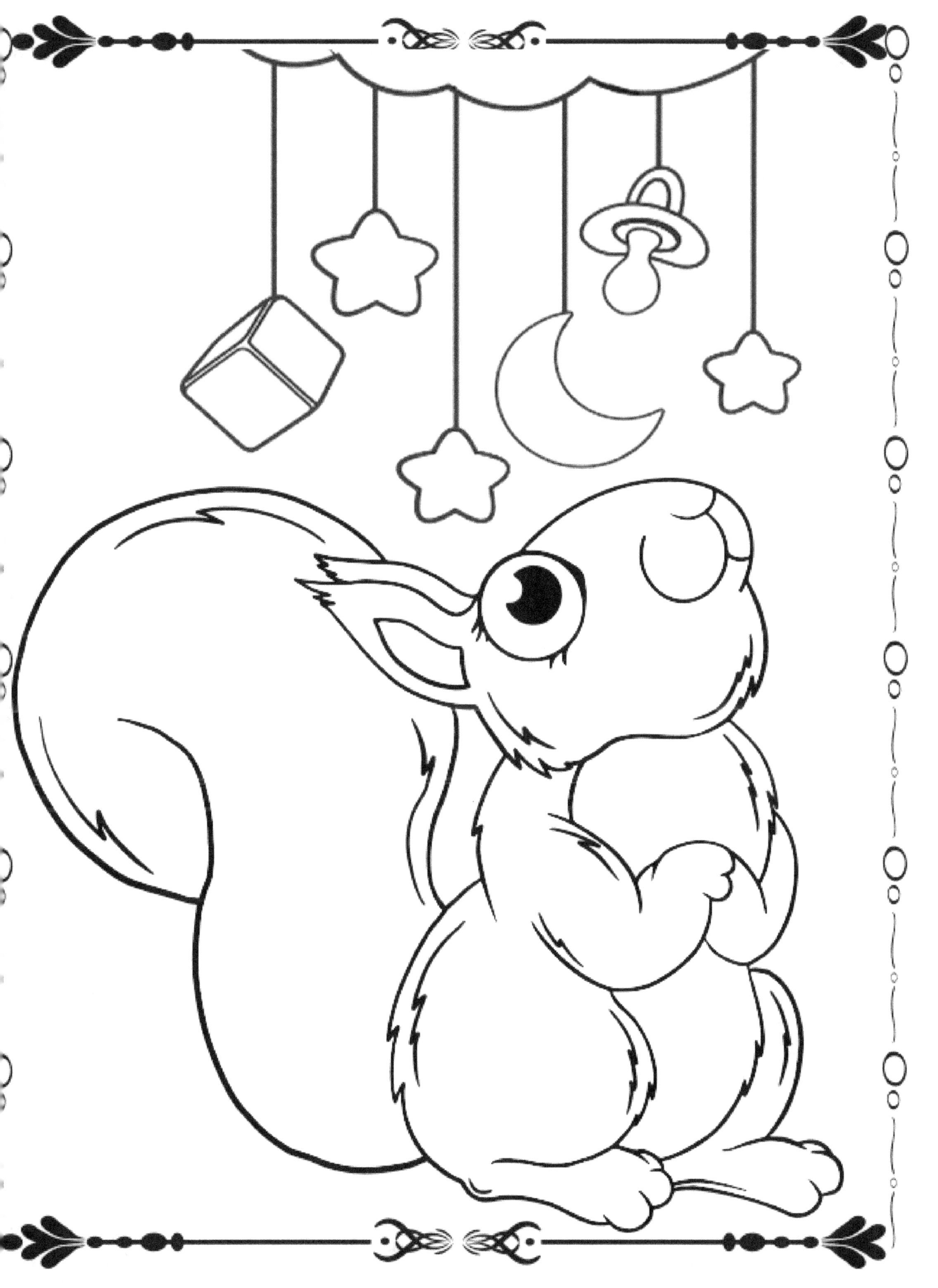

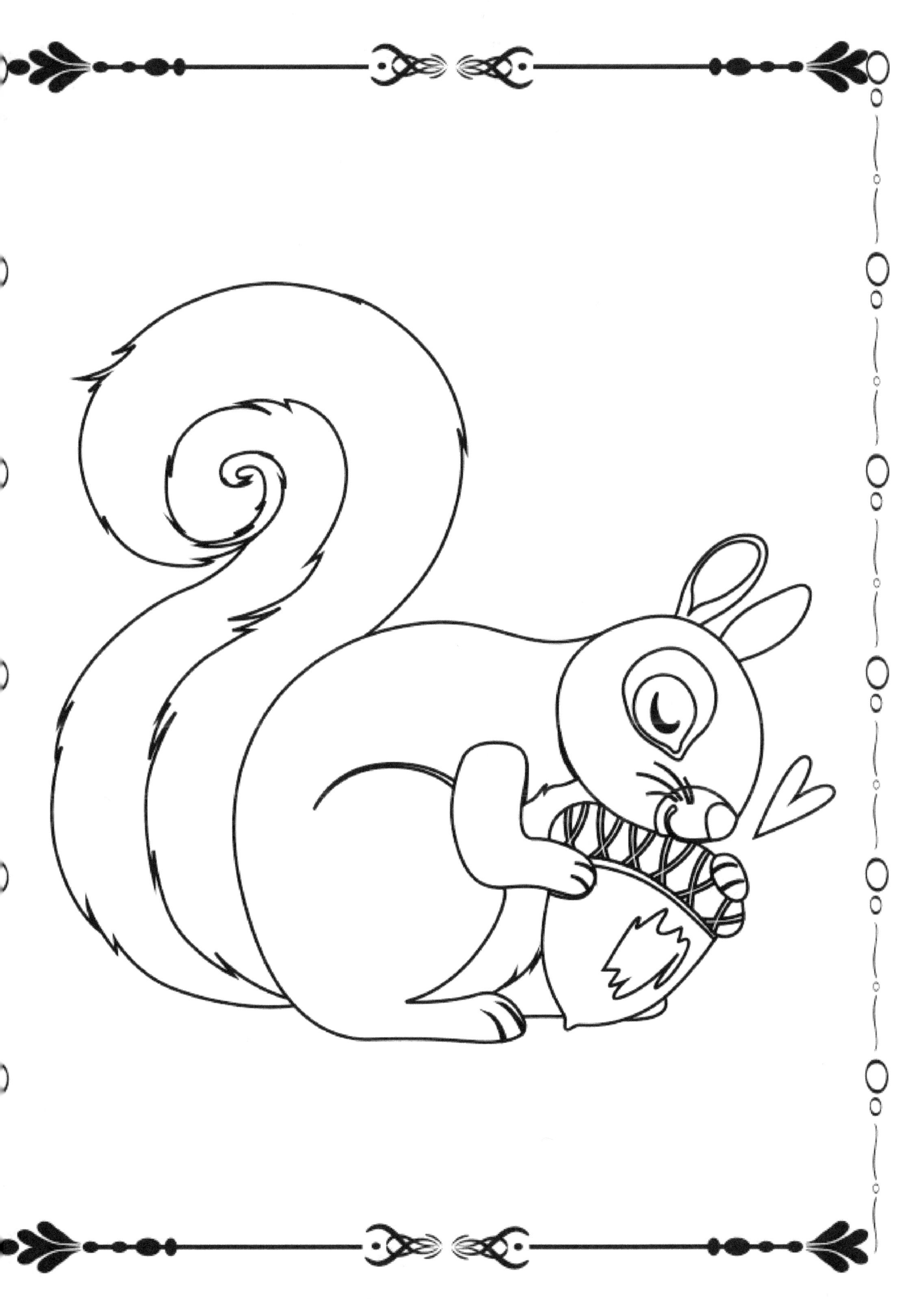

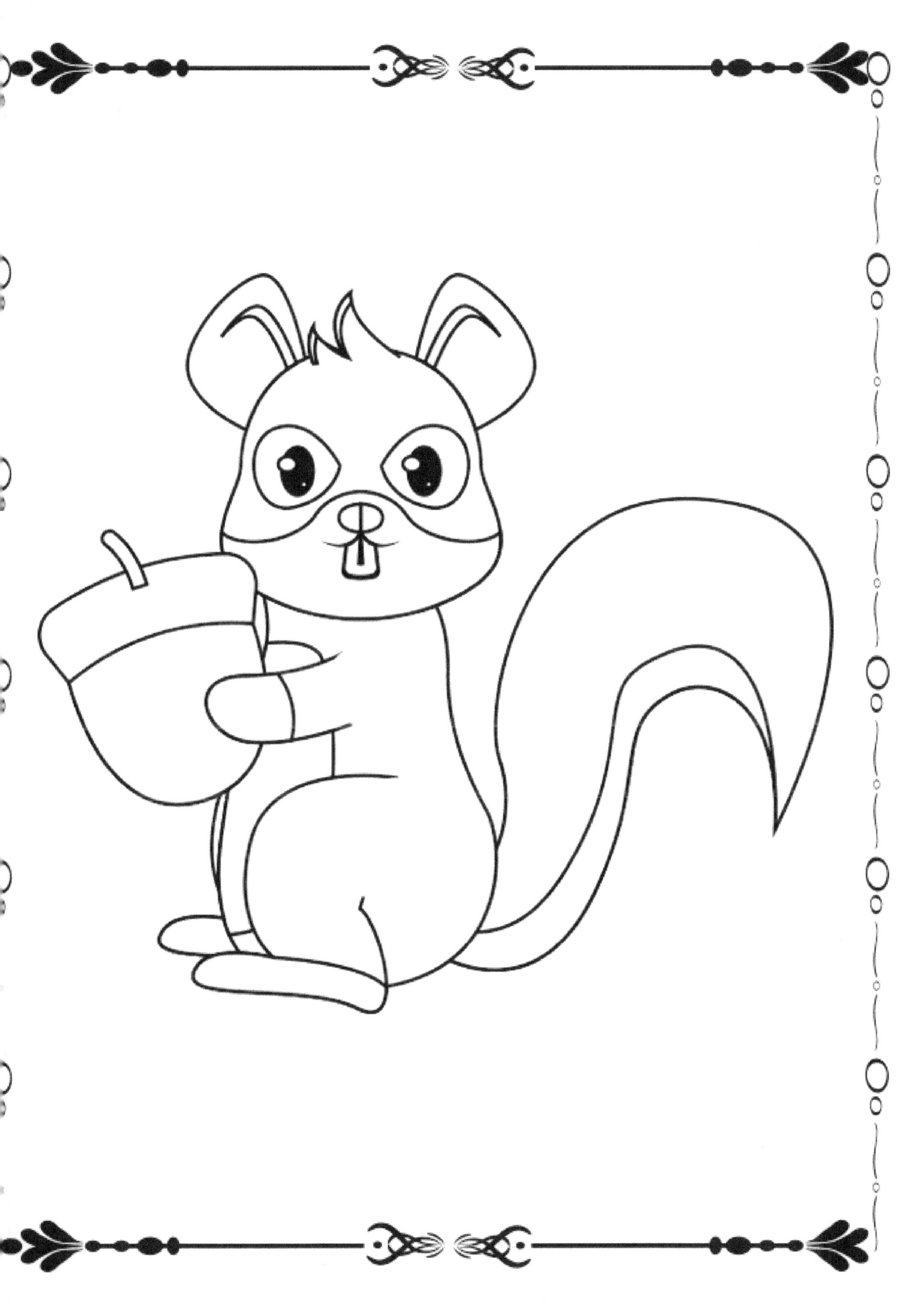

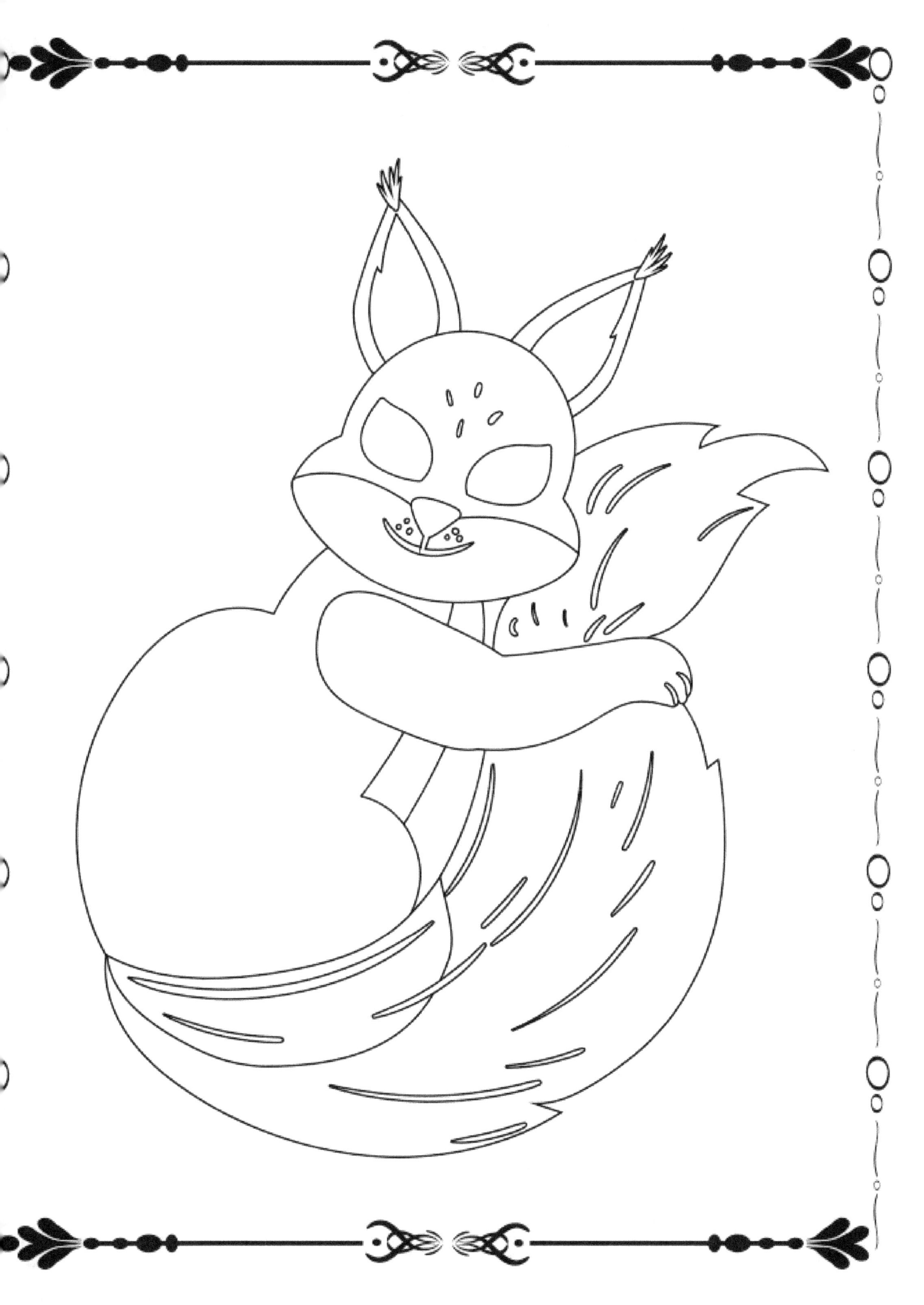

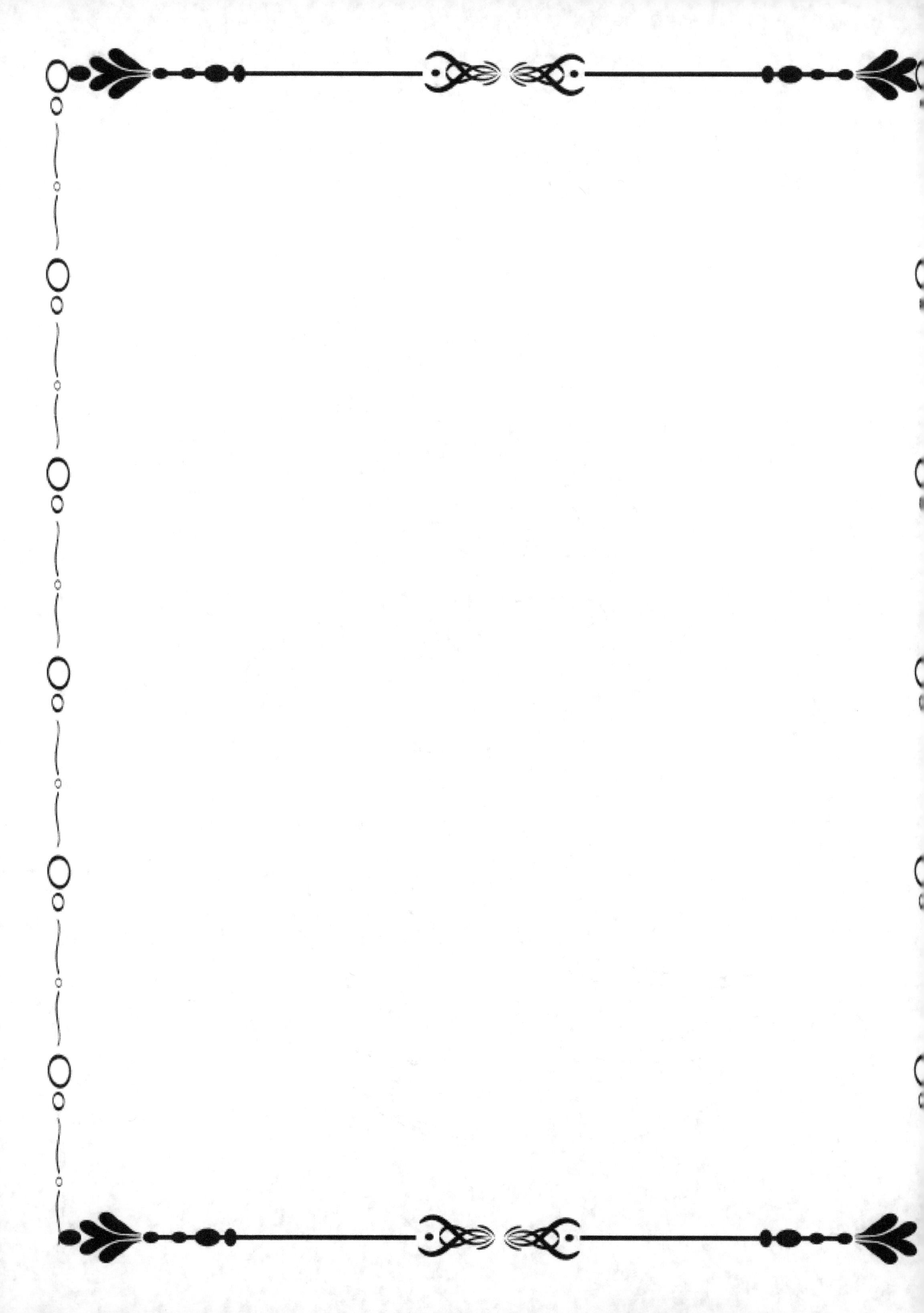

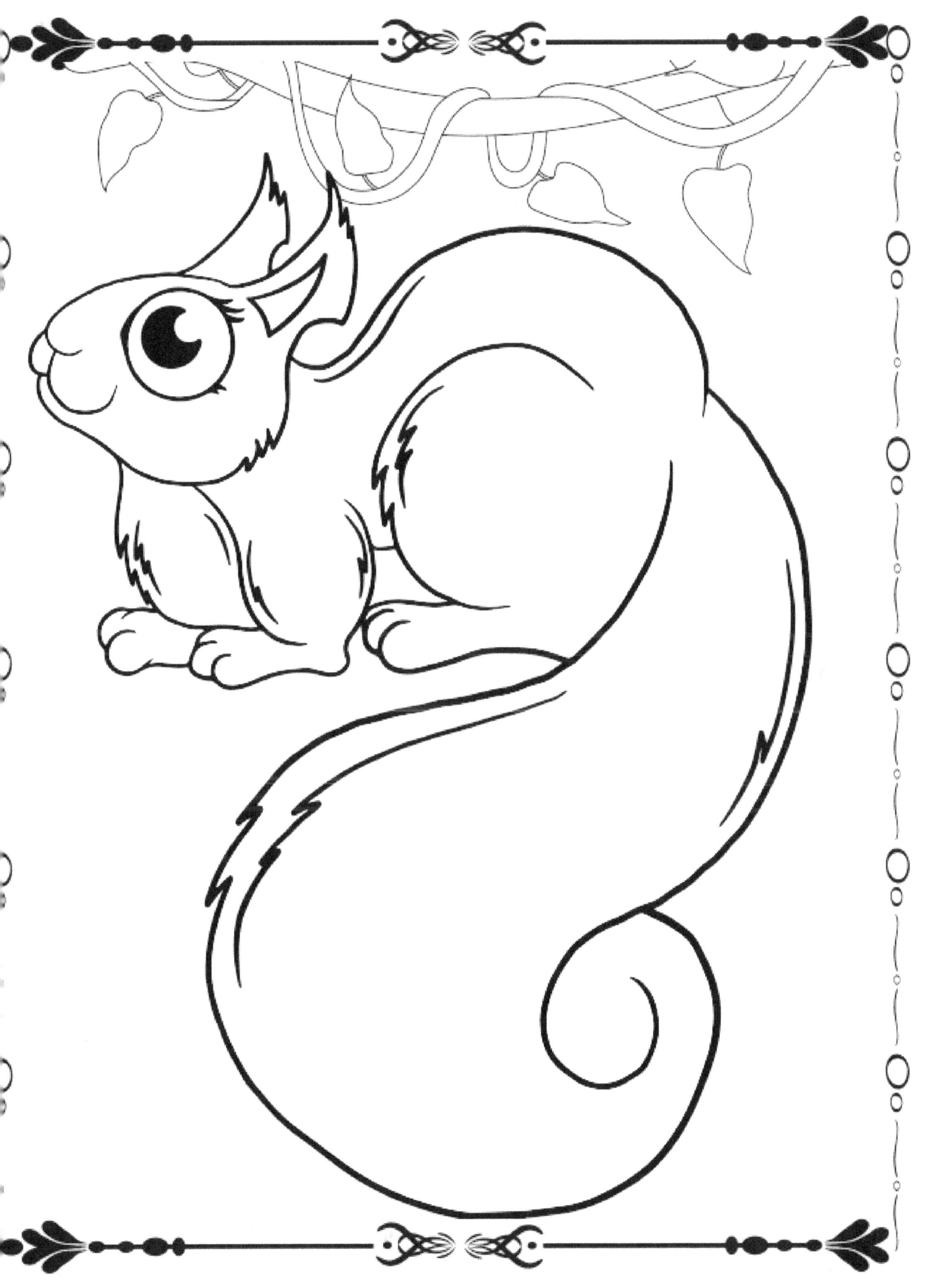

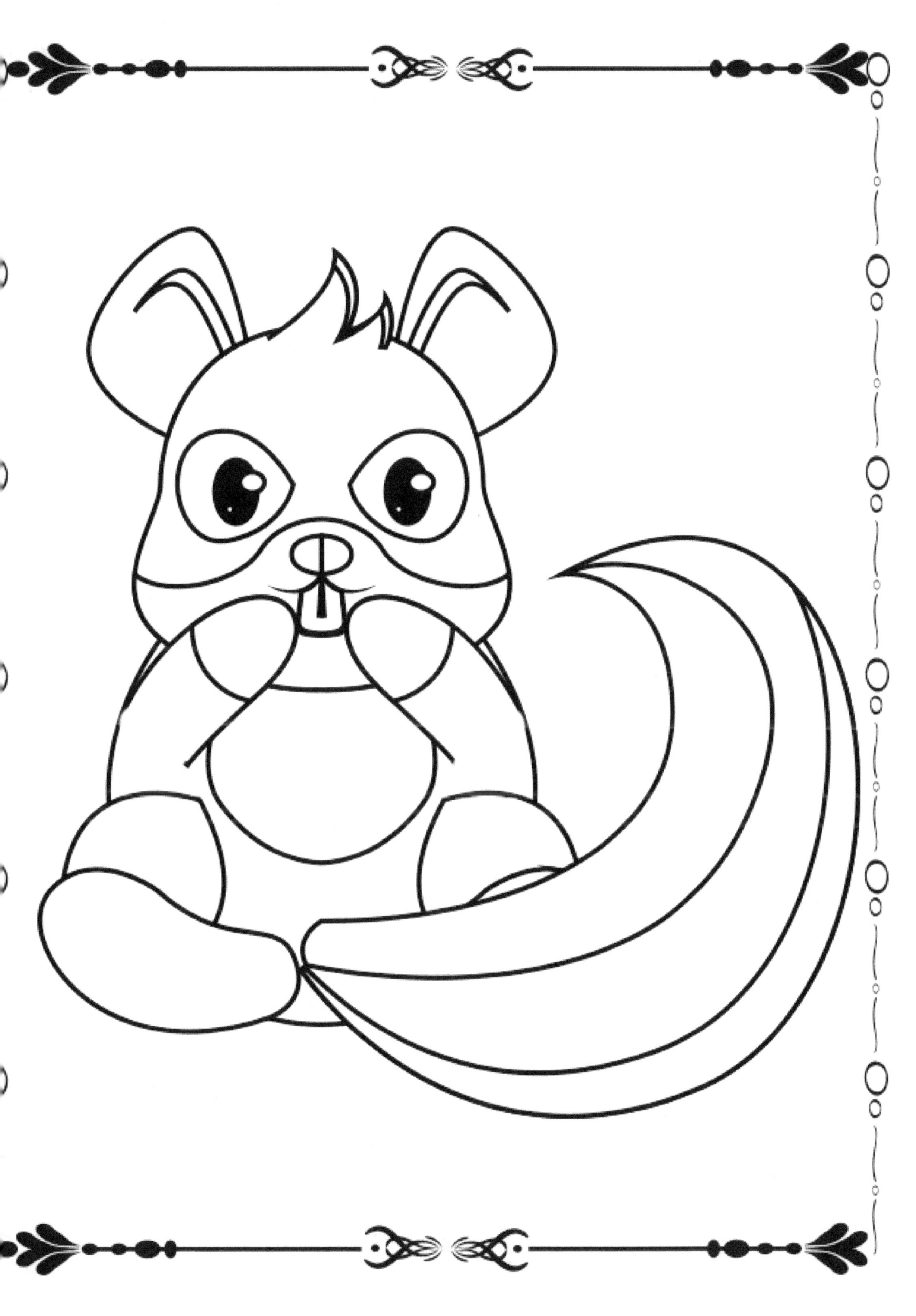

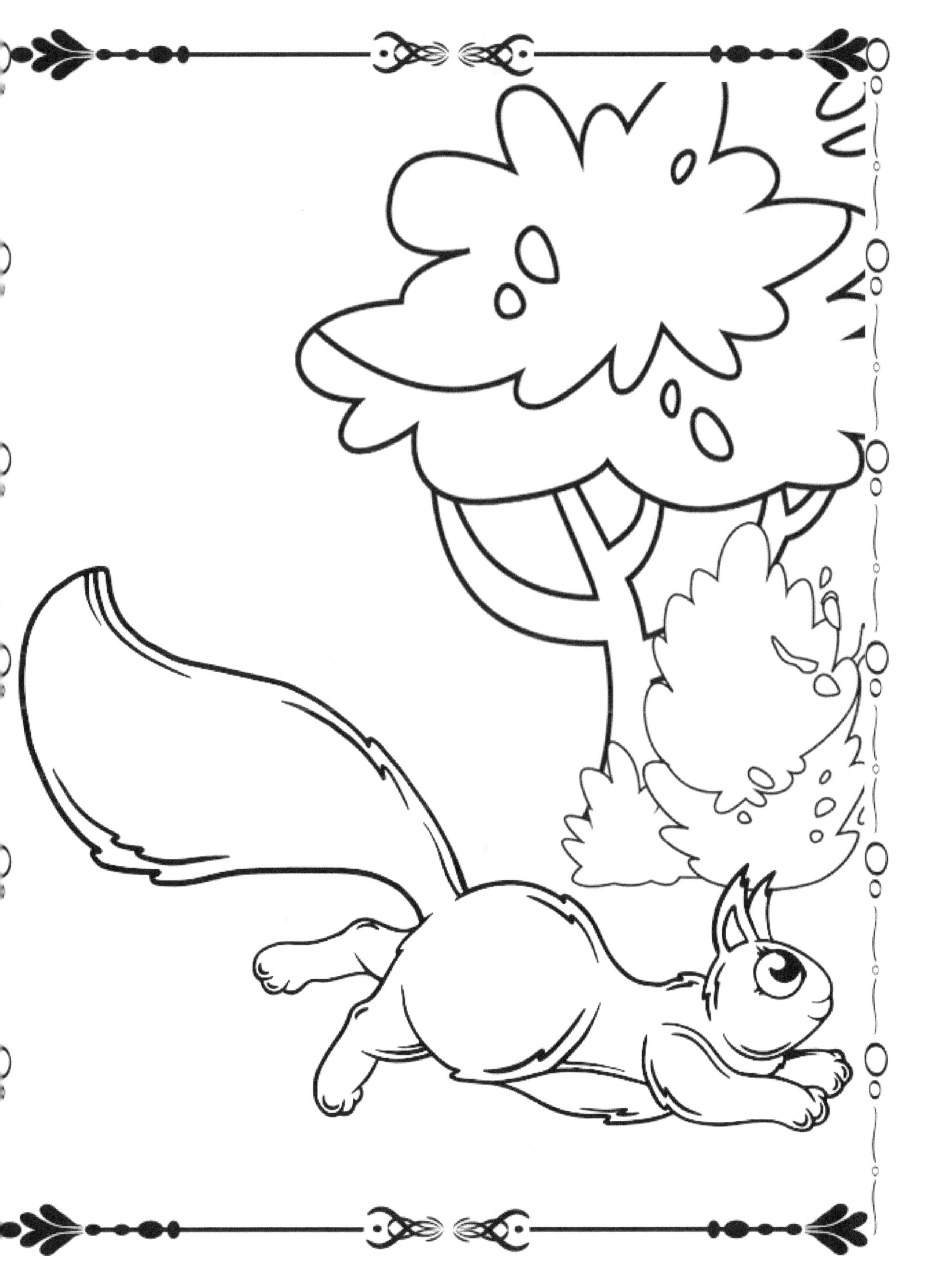

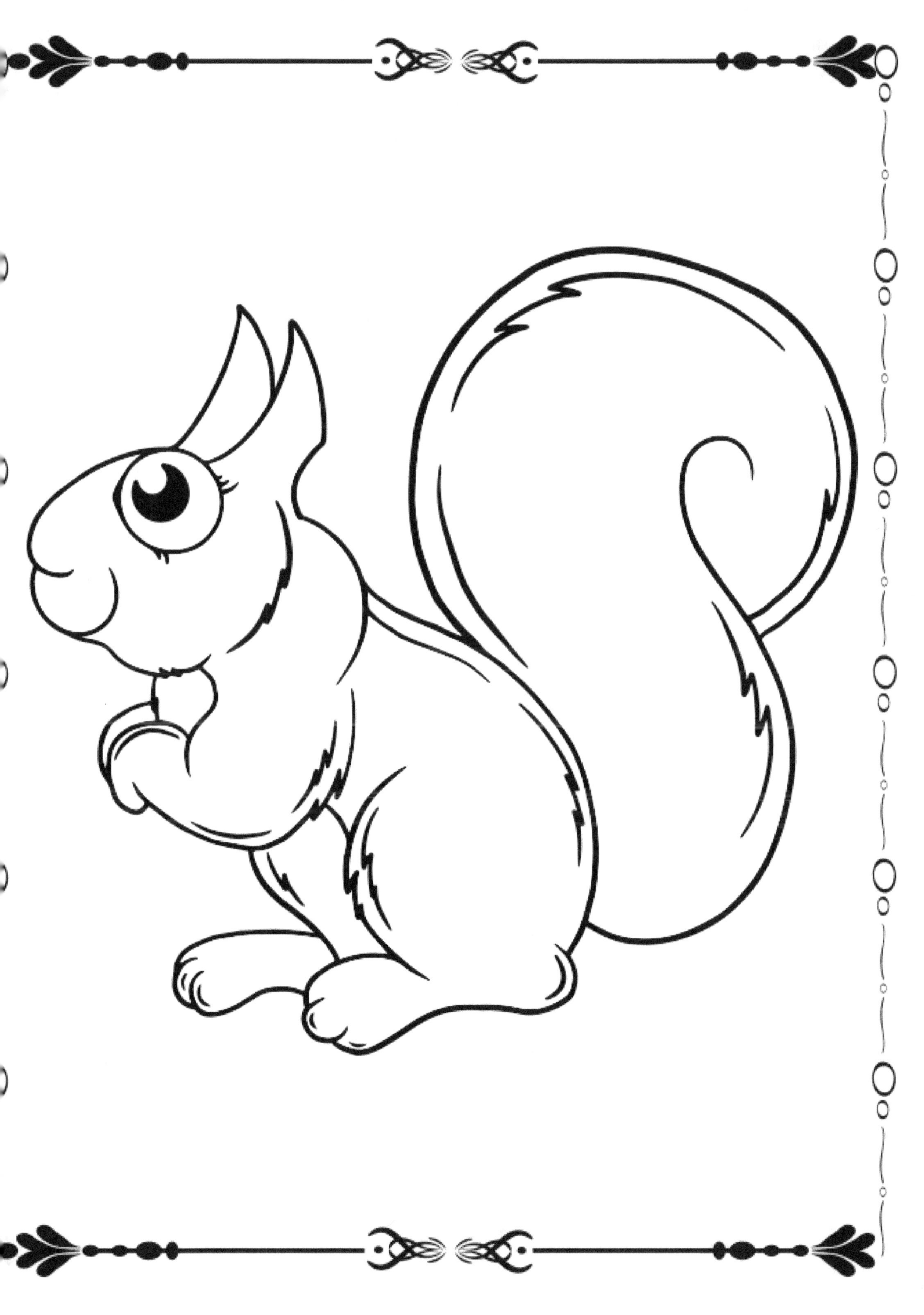

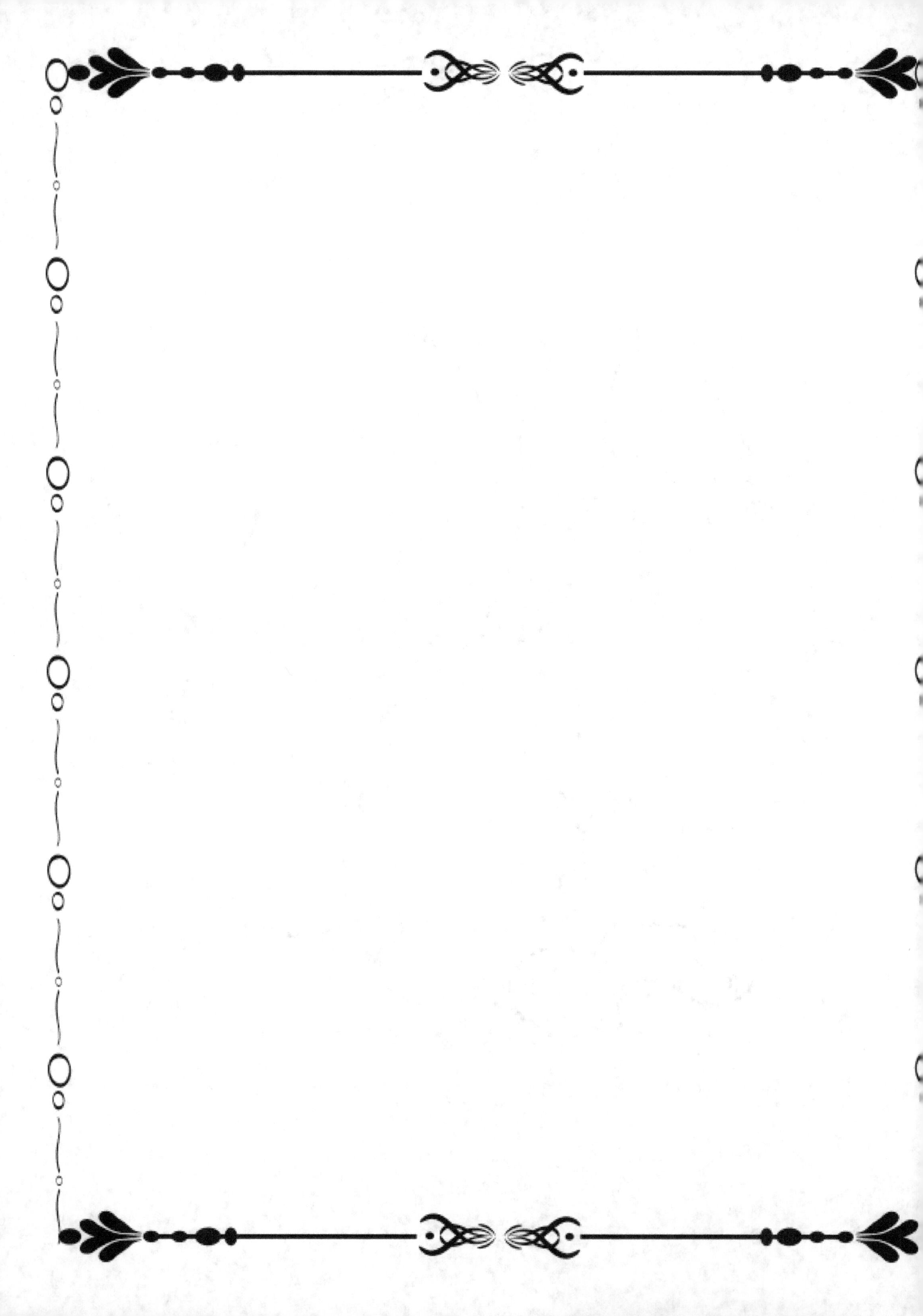

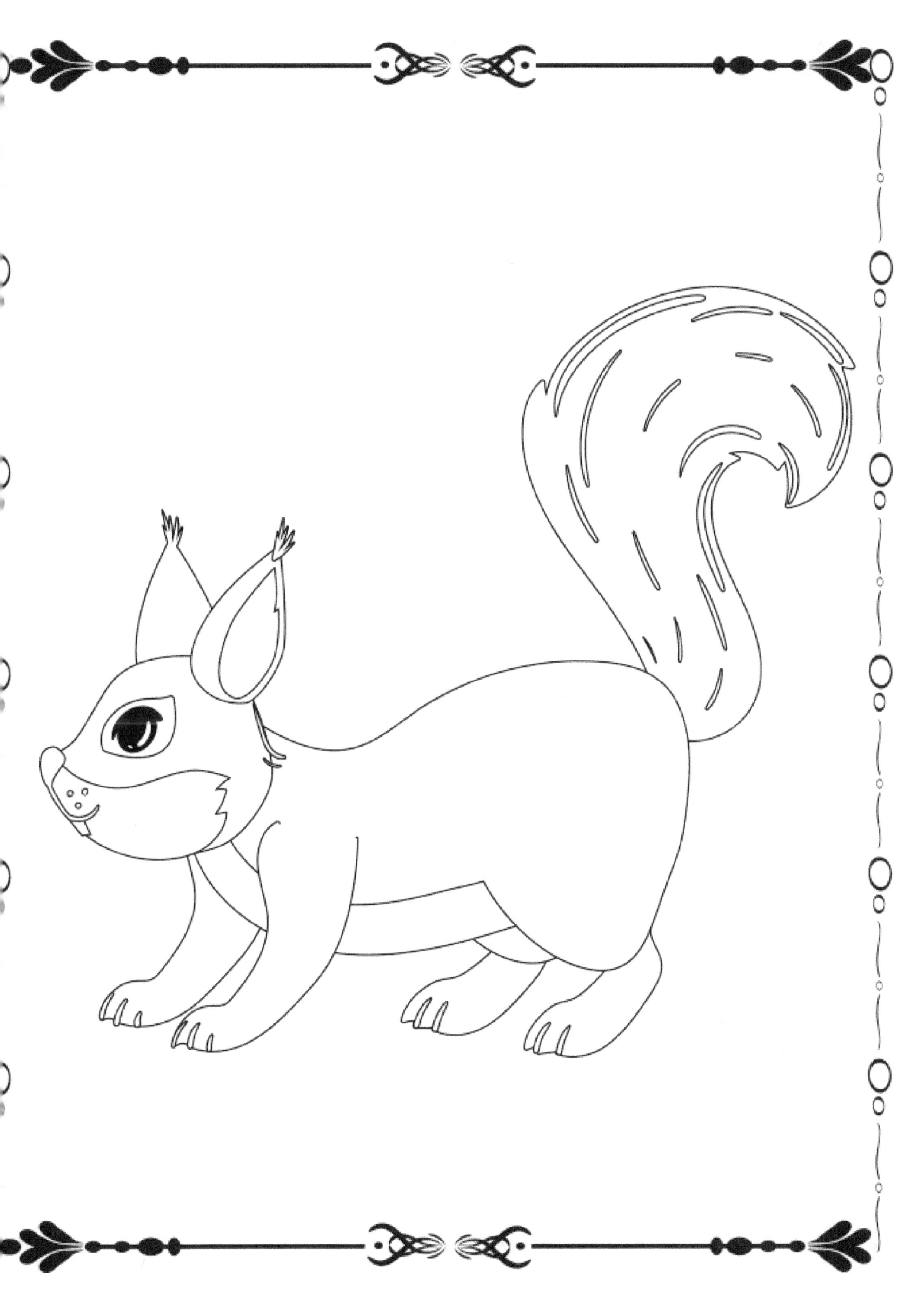

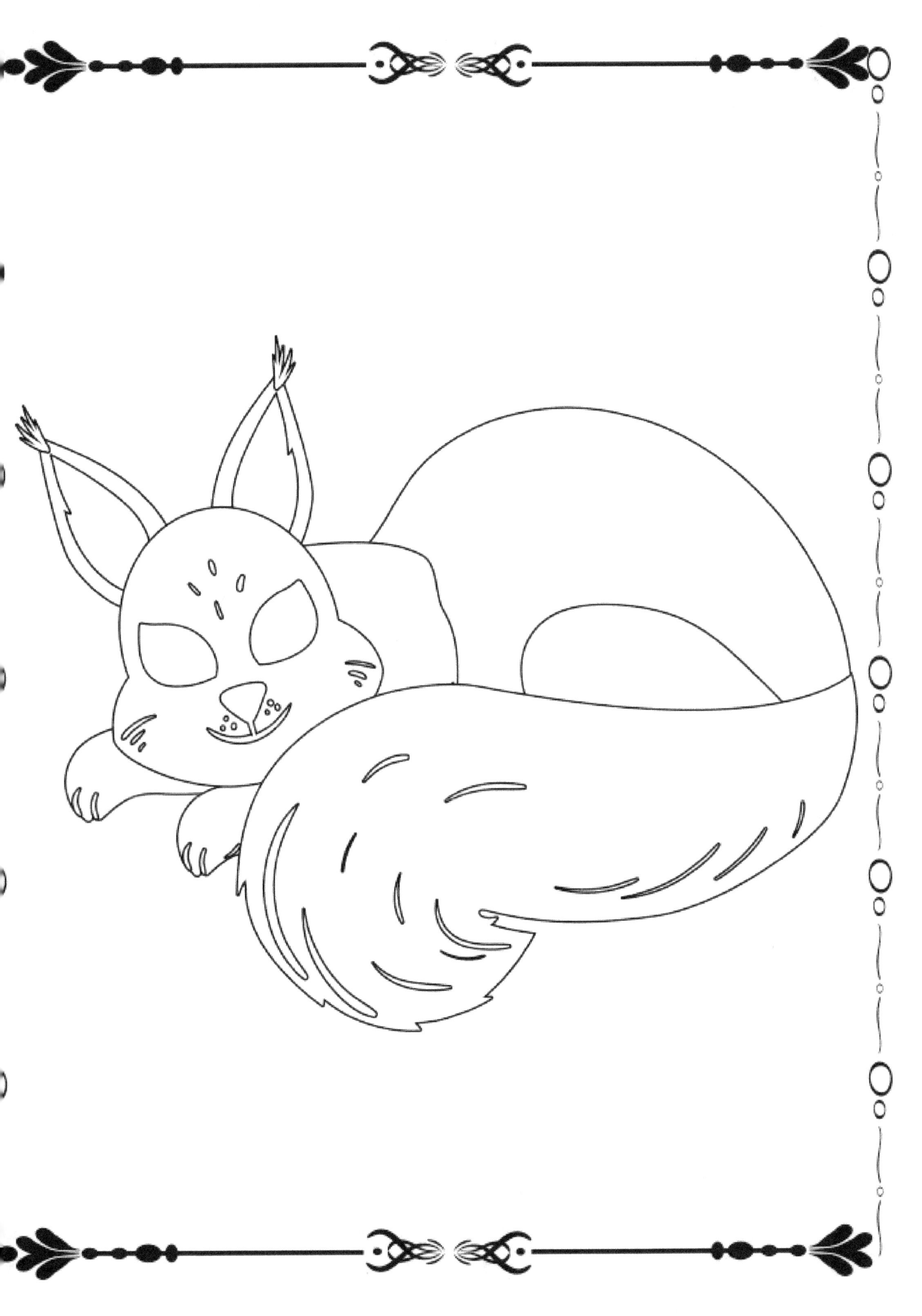

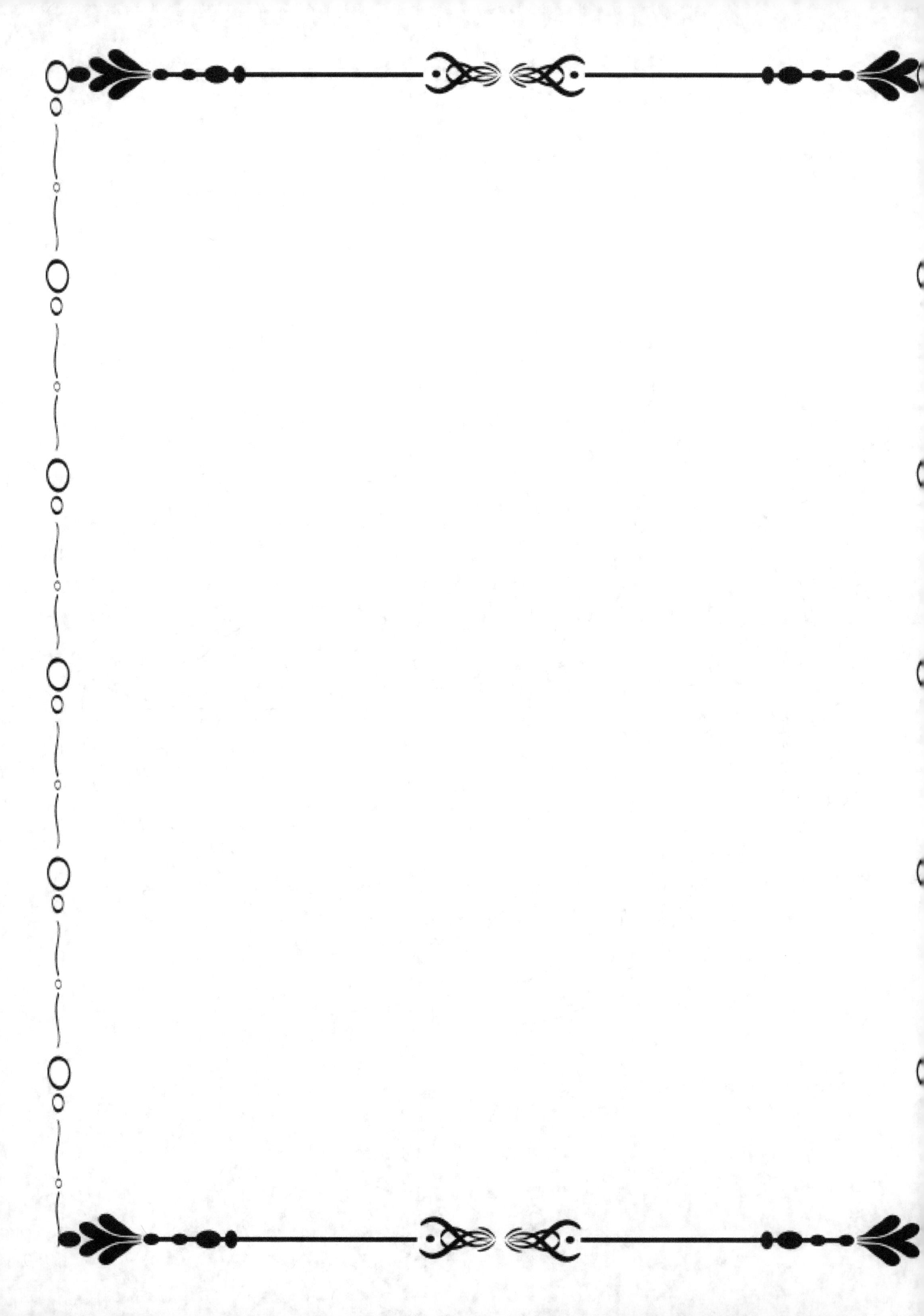

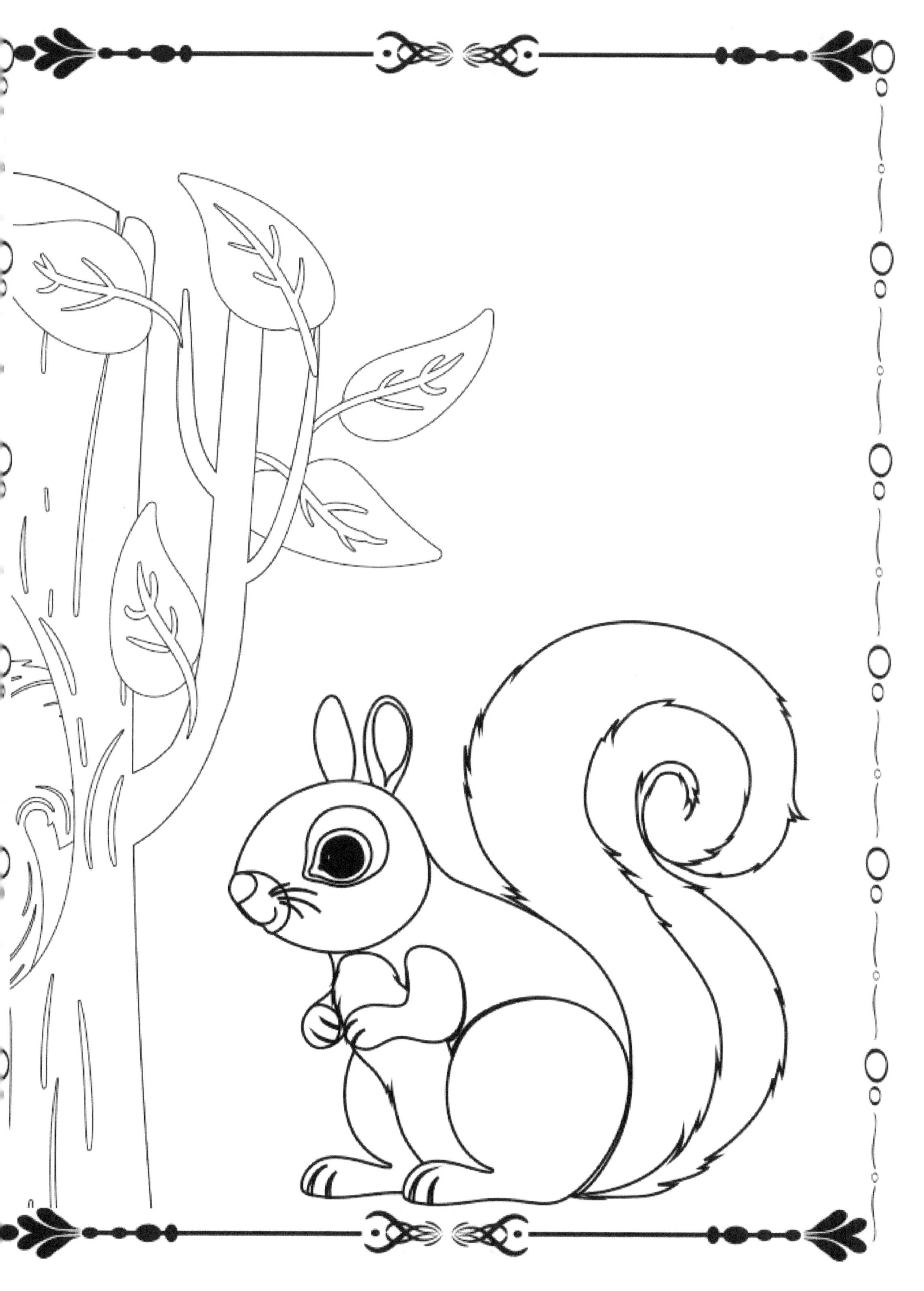

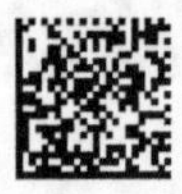